Sonja Glasbrenner

Leben aus der unsichtbaren Wirklichkeit Gottes

Sonja Glasbrenner

Leben aus der unsichtbaren Wirklichkeit Gottes

Glauben und Vertrauen im Hier und Jetzt

Fromm Verlag

Impressum/Imprint (nur für Deutschland/ only for Germany)
Bibliografische Information der Deutschen Nationalbibliothek: Die Deutsche Nationalbibliothek verzeichnet diese Publikation in der Deutschen Nationalbibliografie; detaillierte bibliografische Daten sind im Internet über http://dnb.d-nb.de abrufbar.
Alle in diesem Buch genannten Marken und Produktnamen unterliegen warenzeichen-, marken- oder patentrechtlichem Schutz bzw. sind Warenzeichen oder eingetragene Warenzeichen der jeweiligen Inhaber. Die Wiedergabe von Marken, Produktnamen, Gebrauchsnamen, Handelsnamen, Warenbezeichnungen u.s.w. in diesem Werk berechtigt auch ohne besondere Kennzeichnung nicht zu der Annahme, dass solche Namen im Sinne der Warenzeichen- und Markenschutzgesetzgebung als frei zu betrachten wären und daher von jedermann benutzt werden dürften.

Coverbild: www.ingimage.com

Contact:
International Book Market Service Ltd., 17 Rue Meldrum, Beau Bassin, 1713-01 Mauritius
Website: www.bookmarketservice.com
Email: info@bookmarketservice.com

Gedruckt in: USA, UK, Deutschland. Dieses Buch wurde nicht in Mauritius produziert.

Imprint (only for USA, GB)
Bibliographic information published by the Deutsche Nationalbibliothek: The Deutsche Nationalbibliothek lists this publication in the Deutsche Nationalbibliografie; detailed bibliographic data are available in the Internet at http://dnb.d-nb.de.
Any brand names and product names mentioned in this book are subject to trademark, brand or patent protection and are trademarks or registered trademarks of their respective holders. The use of brand names, product names, common names, trade names, product descriptions etc. even without a particular marking in this works is in no way to be construed to mean that such names may be regarded as unrestricted in respect of trademark and brand protection legislation and could thus be used by anyone.

Cover image: www.ingimage.com

Contact:
International Book Market Service Ltd., 17 Rue Meldrum, Beau Bassin, 1713-01 Mauritius
Website: www.bookmarketservice.com
Email: info@bookmarketservice.com

Printed in: U.S.A., U.K., Germany. This book was not produced in Mauritius.

ISBN: 978-3-8416-0259-6

Leben aus der unsichtbaren Wirklichkeit Gottes

Glauben und Vertrauen im Hier und Jetzt

Der Mensch gewordene Gott ist uns durch seinen
Geist nahe, und will unser Leben gelingen lassen.
Unsere Aufgabe ist es, darauf zu achten.

Für
+Andi+

Ich danke meinem Freund Andreas Witschi,
dass er mich in meiner pfarramtlichen
Tätigkeit unterstützt und begleitet.
Dank zahlreicher anregender
Gespräche mit ihm
über den
Sinn
unseres Lebens
und unsere Hoffnung
auf Erlösung bleibt dieses
Grundthema meines Lebens stets wach.

Die in diesem Buch vorliegenden Texte
sind während meiner Tätigkeit als Pfarrerin
in den Jahren 2009, 2010 und 2011 entstanden.
Die Bibelstellen sind der Zürcher Bibel,
Ausgabe 2007, entnommen.

Gränichen, Neujahr 2012

Inhaltsverzeichnis

Bleibende Freude....................7
Gott ward Mensch, dir Mensch zugute....................11
Die Erlösung....................16
Vergebung....................22
Wasser des Lebens....................25
Was Menschen brauchen....................31
Wem folgen?....................37
Türen....................43
Berechtigtes Vertrauen....................48
Dankbarkeit....................55
Das Böse überwinden....................59
Was ist Segen?....................66
Wege gehen....................77
Überwindung der Todesgrenzen....................83
Macht Jesu Leiden Sinn?....................89
Auferstehung?....................107
Hoffnung aus Begegnungen....................113
Verwirrung und Klarheit im Reden....................120
Meine Zeit in Gottes Hand....................128
Was uns erwartet....................135

Bleibende Freude

Das Gleichnis vom verlorenen Schaf

1 Alle Zöllner und Sünder suchten seine Nähe, um ihm
zuzuhören. 2 Und die Pharisäer und Schriftgelehrten
murrten: Der nimmt Sünder auf und isst mit ihnen.
3 Er aber erzählte ihnen das folgende Gleichnis:
4 Wer von euch, der hundert Schafe hat und eines von
ihnen verliert, lässt nicht die neunundneunzig in der
Wüste zurück und geht dem verlorenen nach, bis er es
findet? 5 Und wenn er es findet, nimmt er es voller
Freude auf seine Schultern 6 und geht nach Hause,
ruft die Freunde und die Nachbarn zusammen und sagt
zu ihnen: Freut euch mit mir, denn ich habe mein
verlorenes Schaf gefunden. 7 Ich sage euch: So wird
man sich auch im Himmel mehr freuen über ***einen***
Sünder, der umkehrt, als über neunundneunzig
Gerechte, die keiner Umkehr bedürfen. Lk. 15.1-7

Vielleicht haben Sie sich gefragt: Wieso bringt sie zum Advent das Gleichnis vom verlorenen Schaf? — Mir scheint, dass gerade in diesem Gleichnis deutlich wird, was an Weihnachten für uns Menschen geschehen ist. Und zudem dürfen die Schafe ja bei keinem Weihnachtsspiel und bei keiner Krippe fehlen. Viele der Hörer Jesu waren Hirten. Sie wussten um die Natur der Schafe und was es heisst, eine Herde gegen alle möglichen Gefahren zu schützen. Im Gleichnis vom verlorenen Schaf hat es ein Happy End gegeben. Das Schaf ist gefunden worden. Jetzt, da es wieder bei seinem Hirten ist, ist es geschützt vor der Kälte, vor Wölfen und es kann darauf vertrauen, dass er es immer neu auf eine saftige Weide führt. Dass es ihm rundherum gut gehen wird. Das Schaf ist gefunden worden von seinem Hirten. Gott findet uns. Er ist sogar in unsere beladene, konfliktreiche Welt hineingeboren worden. Hat als Mensch unter unseren Bedingungen gelebt. Gott sieht uns. — Aber sehen wir ihn auch? Merken wir, dass da ein Hirte ist, der uns an den richtigen Platz führt? Der uns Mut machen will für unser Leben? Der auch im Schwierigen zu uns steht? Wenn Menschen zwar von Gott gefunden wurden, wenn ihnen das aber gar nicht bewusst ist, dann haben sie nichts davon. Dann fühlen sie sich vielleicht allein gelassen. Dann fehlt ihnen das Vertrauen in die Quelle des Lebens. Dann bleiben sie mit ihren Fragen und Ängsten sich selber überlassen. Es ist nötig, dass nicht nur Gott sich zu den Menschen aufmacht und sie sucht, sondern dass Menschen Gott suchen und finden. Erst dann wird er uns zu einer Hilfe im Leben, zu einer tragenden Hoffnung.

Gott suchen und finden, das heisst adventlich leben. Sich nicht mit den Verhältnissen abfinden, sondern Ausschau halten nach dem wirklichen Leben, nach einem erfüllten und grösseren Dasein.

Draussen ist es kalt und dunkel, die Natur ruht. Weit mehr macht vielen aber die innere Dunkelheit zu schaffen. Dunkel wird es, wenn jemand einen geliebten Menschen verloren hat und jetzt ohne ihn leben muss. Dunkel wird es, wenn man einander in der Familie nicht mehr versteht. Wenn man an einer Sucht leidet oder plötzlich schwer erkrankt. Sie können diese Liste sicher um unzählige Probleme aus ihrem Bekanntenkreis und aus dem eigenen Leben erweitern. — Was tun, wenn man durch Probleme und Verletzungen lahm gelegt ist, entmutigt, verzweifelt vielleicht sogar?

Es gibt keine Patentrezepte. Aber zwei Gedanken dazu will ich Ihnen mit auf den Weg geben. — An einem grauen Oktobertag habe ich mit den BewohnerInnen im Alterszentrum darüber nachgedacht, wie denn auch an einem grauen Nebeltag Farbe und Freude in den Alltag kommen kann. Ich habe zwei Rosensträusse mitgebracht, und die Wirkung ist nicht ausgeblieben. Viele haben die bunten Blumen schon beim Hereinkommen entdeckt und sich daran gefreut. Manchmal genügt es, einen Blumenstrauss anzusehen, und man spürt das Leben, aus Grau wird Farbe. Oder ein freundlicher Mensch, der kurz ein paar Worte mit einem wechselt, vertreibt die trüben Gedanken. An einem Gemeindenachmittag kann man alte Bekannte wieder treffen. Erfahren, wie es den andern geht, sich austauschen. Im Gespräch merkt man, dass andere Menschen Anteil nehmen. Man fühlt sich aufgehoben, gehört und gesehen. Wer in einem Kreis von Menschen dazugehört und willkommen ist, der hat Grund zur Freude. Oder man hört eine Musik, die einem gut tut. Und schon fühlt man sich belebt, geht es der Seele wieder besser. „Aber was ist, wenn man nicht mehr gut sieht und nicht mehr gut hört?“, hat mich eine Frau am Ende des Gottesdienstes kritisch gefragt. „Wie soll sich jemand da noch freuen können?“ — Ja, was ist dann? Was bleibt, wenn man sich nur noch teilweise an dem freuen kann, was das Leben bietet? Was ist, wenn die Sinne schwächer werden?

Ich habe Ihnen vom verlorenen Schaf erzählt. Es wurde gefunden. Gott hat jeden Menschen schon lange gefunden. Aber finden die Menschen auch ihn? Können sie spüren, dass er da ist? Können sie seine Gedanken über ihr Leben erkennen? — Und jetzt kommt mein zweiter Gedanke zur Freude: Wer Gott sucht, und wer ihm dann begegnet, der erlebt vielleicht etwas von der Freude, die unser Schöpfer uns ins Herz legen kann. Wer erlebt, dass Gott ihn zutiefst wertschätzt, dass er ihn in seiner Eigenart bejaht, der hat Grund zur Freude. Und wer erkennen kann, dass Gott ihm durch alle schwierigen Situationen hindurch helfen will, der kann sich freuen. Es ist eine Freude, die aus einem *inneren* Erleben kommt. Sie entzündet sich nicht an einem Sinneseindruck. Das Innerste ist aufgehoben bei Gott. Wenn auch die Sorgen und Schwierigkeiten bleiben. Wer sich von Gott finden liess, weiss: Er begleitet mich in meinem Leben und führt mich einen guten Weg. Er wird alles, auch was in meinem Leben noch zerbrochen und verloren ist, einmal erlösen. Es wird alles gut werden bei ihm. — Wenn sich ein Mensch aufmacht, um Gott immer wieder zu suchen, wenn ein Mensch darauf hofft, dass Gott ihm immer neu helfen wird, dann geschieht Advent. — In der Begegnung mit dem Höchsten erfahren Menschen immer neu: *Dann werdet ihr jubelnd Wasser schöpfen aus den Quellen der Rettung. Jes. 12.3.* Mit Gott zusammen durch dieses Leben gehen, das ist ein Grund zur Freude! — Und es ist eine Freude, die bleibt. Diese innere Freude ist nicht abhängig vom Wetter. Auch in der dunklen, kalten Jahreszeit kann es warm werden im Innern. Auch in schwierigen und belastenden Situationen kann die innere Freude darüber, dass Gott bei mir ist, immer wieder durchbrechen. Die Freude, die Gott uns schenkt, ist wie gesagt nicht an Äusseres gebunden. Jesus hat sogar vor seinem Tod mit seinen Freunden über die Freude gesprochen.

> *20 Amen, amen, ich sage euch: Ihr werdet weinen und klagen, die Welt aber wird sich freuen. Ihr werdet traurig sein, aber eure Trauer wird sich in Freude verwandeln. 21 Wenn eine Frau niederkommt, ist sie traurig, weil ihre Stunde gekommen ist. Wenn sie das Kind aber geboren hat, denkt sie nicht mehr an die Bedrängnis vor Freude, dass ein Mensch zur Welt gekommen ist. 22 So seid auch ihr jetzt traurig; aber ich werde euch wiedersehen, und euer Herz wird sich freuen, und die Freude, die ihr dann habt, nimmt euch niemand. 23 An jenem Tag werdet ihr mich nichts fragen. Amen, amen, ich sage euch: Wenn ihr den Vater in meinem Namen um etwas bittet, wird er es euch geben. 24 Bis jetzt habt ihr noch nie in meinem Namen um etwas gebeten. Bittet, und ihr werdet empfangen, damit eure Freude vollkommen sei.*
> *Joh. 16.20-24*

Weil Gott diese Welt erlösen wird, weil er durch seine Kraft alle Schmerzen, alle Bosheit, Raffgier, all die Unterdrückungen und Kriege überwinden wird, haben wir Grund zur Freude. — Es ist die Hoffnung auf die Erlösung dieser Welt, die jetzt schon ihr Licht vorauswirft auf all die Menschen, die noch im Dunkeln der Todesschatten sitzen. Weil Gott in Christus auf unsere Welt gekommen ist und nicht aufgehört hat, heilvoll für uns zu wirken, können wir uns freuen. Dass dies so ist, dass wir immer neu auf Zeichen warten, dass es besser wird, dass Probleme gelöst werden, das feiern wir an diesem ersten Advent. Es ist noch in vielen Bereichen nicht Tag. Aber Gott hat bereits beschlossen, dass es Tag werden soll. Und mancher Mensch hat schon erlebt, dass es Gott in seinem Leben immer wieder hell gemacht hat. Und er zur rechten Zeit Hilfe erfahren durfte.

Die Freude, die Gott uns schenkt, ist unabhängig von äusseren Umständen und eine bleibende Freude. Das ist so, weil das ganze Leben eine andere Perspektive bekommt: Wer Gott aufnimmt, gelangt von der Einsamkeit eines verlorenen Staubkornes im Weltall zu einer Person, die gesehen und geschätzt wird. Und die von der höchsten Kraft, von der Liebe aufgenommen ist. Und der Gott eine Zukunft geben wird, auch über dieses Erdenleben hinaus. — Mit Jesus ist diese grösste Hoffnung in die Welt gekommen — wer etwas davon ahnt, hat wirklich Grund sich zu freuen.

Gott ward Mensch, dir Mensch zugute

Die Geburt Jesu

1 Es geschah aber in jenen Tagen, dass ein Erlass
ausging vom Kaiser Augustus, alle Welt solle sich in
Steuerlisten eintragen lassen. 2 Dies war die erste
Erhebung; sie fand statt, als Quirinius Statthalter in
Syrien war. 3 Und alle machten sich auf den Weg, um
sich eintragen zu lassen, jeder in seine Heimatstadt.
4 Auch Josef ging von Galiläa aus der Stadt Nazaret
hinauf nach Judäa in die Stadt Davids, die Betlehem
heisst, weil er aus dem Haus und Geschlecht Davids
war, 5 um sich eintragen zu lassen mit Maria, seiner
Verlobten, die war schwanger. 6 Und es geschah,
während sie dort waren, dass die Zeit kam, da sie
gebären sollte. 7 Und sie gebar ihren ersten Sohn und
wickelte ihn in Windeln und legte ihn in eine
Futterkrippe, denn in der Herberge war kein Platz für
sie. 8 Und es waren Hirten in jener Gegend auf freiem
Feld und hielten in der Nacht Wache bei ihrer Herde.

9 Und ein Engel des Herrn trat zu ihnen, und der
Glanz des Herrn umleuchtete sie, und sie fürchteten
sich sehr. 10 Da sagte der Engel zu ihnen: Fürchtet
euch nicht! Denn seht, ich verkündige euch grosse
Freude, die allem Volk widerfahren wird: 11 Euch
wurde heute der Retter geboren, der Gesalbte, der
Herr, in der Stadt Davids. 12 Und dies sei euch das
Zeichen: Ihr werdet ein neugeborenes Kind finden, das
in Windeln gewickelt ist und in einer Futterkrippe
liegt. 13 Und auf einmal war bei dem Engel die ganze
himmlische Heerschar, die lobten Gott und sprachen:
14 Ehre sei Gott in der Höhe und Friede auf Erden
unter den Menschen seines Wohlgefallens. 15 Und es
geschah, als die Engel von ihnen weggegangen waren,
in den Himmel zurück, dass die Hirten zueinander
sagten: Lasst uns nach Betlehem gehen und die
Geschichte sehen, die der Herr uns kundgetan hat!
16 Und sie gingen eilends und fanden Maria und Josef
und das neugeborene Kind, das in der Futterkrippe
lag. 17 Und als sie es sahen, taten sie das Wort kund,
das ihnen über dieses Kind gesagt worden war.
18 Und alle, die es hörten, staunten über das, was
ihnen von den Hirten gesagt wurde. 19 Maria aber
behielt alle diese Worte und bewegte sie in ihrem
Herzen. 20 Und die Hirten kehrten zurück und priesen
und lobten Gott für alles, was sie gehört und gesehen
hatten, so wie es ihnen gesagt worden war.
Lk. 2,1-2

Die Weihnachtsgeschichte nach Lukas malt uns ein stimmungsvolles Bild. Wir hören, was auf der Erde an Weihnachten geschehen ist. — Aber was ist die Bedeutung der Geburt Jesu? Seine Geburt hat eine Bedeutung für alle Menschen auf dieser Welt und darüber hinaus für den ganzen

Kosmos. Sie gehört zum Weg, den Gott mit der ganzen Menschheit gehen will. Sie ist ein wichtiger Teil seiner Heilsgeschichte mit den Menschen. Weil Gott für uns Menschen nicht einfach sichtbar ist, weil er in einer andern Dimension lebt als wir Irdische, schickt er jeweils seine Boten, die Engel, um uns das Wunderbare, das geschieht, verständlich zu machen. —

Der Theologe und Autor Ulrich Knellwolf hat einen Blick hinter die Kulissen geworfen. Er hat in den Himmel geschaut und herausgefunden, was dort vor und an Weihnachten lief. Er hat einen von Gottes Boten, einen Engel, befragt, wie er Weihnachten erlebt habe. Ich lese Ihnen die Geschichte vom Engel an der Himmelstüre (nachzulesen bei: Ulrich Knellwolf, Der liebe Gott geht auf Reisen, München 2004).

Das Bild vom Paradies, das für uns verschlossen ist, ist ein eindrückliches Bild für den Zustand unserer Welt. Letzthin hat mich eine Frau nach dem Gottesdienst gefragt: Sind sie Theologin? Dann können Sie mir vielleicht sagen, wieso es auf dieser Welt so ungerecht zu und her geht? Wieso so viele Menschen hier in der Schweiz so unzufrieden sind und sich über Kleinigkeiten aufregen? — Ja, wieso geht es auf dieser Welt oft so chaotisch zu? Wieso machen Menschen einander das Leben schwer? Wieso gibt es skrupellose Politiker und Clans in aller Welt, die andere ausbeuten und unterdrücken? — Es ist nicht leicht, darauf eine Antwort zu finden. Schauen wir in die Bibel. In den ersten Kapiteln erklären die Autoren den Zustand unserer Welt mit dem Sündenfall der Menschen und ihrer Vertreibung aus dem Paradies. Wenn wir die Tagesschau sehen oder Radio hören, dann wird uns täglich bewusst: Diese Welt ist kein Paradies. Jeder Mensch erlebt ganz persönlich immer wieder, dass er nicht im Paradies lebt. Manchmal ist das Leben mühsam. Zwei Menschen verstehen einander nicht, sie möchten es zwar gut haben miteinander, aber sie verletzen einander ständig. Sie reden aneinander vorbei. Andere Menschen sind in Sorge, weil sie entlassen wurden. Wann werden sie wieder eine Arbeit finden? Krankheiten machen uns zu schaffen. Ich muss ihnen die Schwierigkeiten im Leben ja nicht aufzählen. — Jede und jeder hat vieles zu tragen, muss Ungewissheiten aushalten, macht schmerzliche Erfahrungen. — Und da kommt manchmal, wie von ferne, die Sehnsucht nach dem Paradies auf. Wenn wir an Weihnachten warme Kerzenlichter anzünden, vor einem glitzernden Tannenbaum sitzen und Musik hören, dann bringen wir damit vielleicht auch diese Sehnsucht nach dem Paradies zum Ausdruck. Und ich glaube nicht, dass wir uns nach der paradiesischen, unbeschwerten Kinderzeit zurücksehnen. Ich meine, es ist vielmehr eine Sehnsucht, die tiefer reicht. Eine Ahnung davon, dass bei Gott eine Existenz ohne Leiden, ohne Chaos und Tod möglich ist.

Die Sehnsucht ist ein wertvolles Gefühl! Sie zeigt uns, was noch nicht ist, was aber werden könnte. Die Sehnsucht ist ein Leitstern über unserem Leben — so wie es der Weihnachtsstern in jener Nacht über Bethlehem war. Wonach sehnen Sie sich in Ihrem Leben? — Es lohnt sich, der eigenen Sehnsucht Raum zu geben. Zwischendrin still zu werden und in sich zu lauschen. Wonach sehne ich mich? — Welche Bilder habe ich von meinem Leben — wenn ich es mir frei auswählen könnte? — Diese Bilder können Ihnen den Weg zu Ihren Begabungen weisen. Sie können Ihnen helfen, noch mehr Leben in Ihren Tagen zu finden. — Die Sehnsucht kann zu einer Kraft werden, die mir den Weg weist — und die mich aktiv werden lässt.

Alles beginnt mit der Sehnsucht! — Wie Sie in der Geschichte gehört haben, kennt auch Gott eine Sehnsucht. Gott ist Liebe. Und Liebe kann und will nicht allein sein. Liebe muss sich jemandem verschenken. Sie braucht ein Ziel, eine Empfängerin, der sie sich mitteilen kann. — Weil Gott liebt, wollte er nicht allein sein. Auch wenn Menschen nichts mit ihm zu tun haben wollen. Auch wenn die Mächtigen dieser Welt ihre Macht oft missbrauchen. Auch wenn die Menschen die Geschicke der Welt unvernünftig leiten. Gott hat nie aufgehört, die Menschen zu lieben. Und so ist Weihnachten der Beginn einer Liebesgeschichte. Der Liebesgeschichte zwischen Gott und uns Menschen. Mit der Geburt von Jesus hat Gott uns ganz deutlich gezeigt, dass er sich um uns kümmern will. Er will im Gespräch mit uns bleiben. Er will für uns da sein. — Gott ist ganz anders als wir, er lebt in einer weit entfernten, andern Dimension, die wir uns nicht einmal vorstellen können. Und dieser Gott hat aus Liebe beschlossen, eine Beziehung zu uns Menschen aufzubauen. Das ging am besten, indem er selber einer von uns wurde. Jesus hat zu Lebzeiten viel von der Liebe Gottes gesprochen. Er hat den Menschen in Worten verkündet: Gott ist für euch da! Er will, dass ihr euch an ihn wendet! Und er hat mit seinen Taten Gottes Liebe verkündet. Gott will euch helfen! Er kümmert sich um euch! — Es gibt sicher viele unter Ihnen, die diese göttliche Liebe in ihrem Leben bewusst spüren. Andere ahnen sie vielleicht. Ich gebe zu: Es ist nicht leicht, die Beziehung zu Gott zu halten und im eigenen Leben zu merken, wie Gott für einen da ist und wohin der Weg mit ihm gehen soll. Es lohnt sich aber sehr, immer neu danach zu suchen. Gott zu vertrauen, dass er sich mir zuwendet und zu mir spricht. Ihm vertrauen, dass er mir die nötige Kraft zum Leben gibt, wenn die äusseren Umstände wieder einmal nicht paradiesisch sind — oder wenn ich in mir selber den Stern der Hoffnung nicht mehr sehen kann. Es lohnt sich, immer neu von Gott Hilfe zu erbitten. Wer nach Gottes Handeln in seinem Leben fragt, der wird bestimmt da und dort Spuren seines Wirkens im eigenen Leben finden. — Seit die Tür zum Paradies wieder offen steht, können wir uns mit Gott austauschen. Seine Kraft erreicht uns. Er will uns Mut geben. Trost, wenn wir in und um uns nur noch Kälte empfinden. Neue Wege will er uns weisen, wenn wir stillstehen und vor uns nur noch Mauern sehen. — Ins Paradies können wir nicht zurück. Die Weltgeschichte, die Geschichte Gottes mit uns Menschen geht nur in eine Richtung, nach vorn. An Weihnachten ist uns der Anfang einer neuen Schöpfung verheissen. Der Anfang eines Lebens, in dem wir wieder in Gottes Nähe leben. In dem wir der Liebe auf der Spur sind. Ein Leben, in dem die Liebe wieder die prägende Kraft ist. — Darauf gilt es im Leben zu achten. Immer wieder still werden und erkennen: Was ist zu sagen und zu tun, damit ich andern auf ihrem Weg weiterhelfen kann? — Was ist zu sagen und zu tun, damit mein Leben und das Leben meiner Nächsten hoffnungsvoll wird?

So wirkt sich die göttliche Kraft, die mit Weihnachten in diese Welt gekommen ist, ganz konkret im Leben von Menschen aus. Der Dichter Erich Fried hat auch auf diese Liebeskraft in unserer Welt gehofft. Ich lese Ihnen seine Gedanken vor:

Bevor ich sterbe
Noch einmal sprechen
von der Wärme des Lebens
damit doch einige wissen:
Es ist nicht warm
aber es könnte warm sein.
Bevor ich sterbe
noch einmal sprechen
von der Liebe
damit doch einige sagen:
Das gab es
das muss es geben
Noch einmal sprechen
vom Glück der Hoffnung auf Glück
damit doch einige fragen:
Was war das
wann kommt es wieder?

Amen.

Die Erlösung

Die Geburt Jesu

1 Es geschah aber in jenen Tagen, dass ein Erlass
ausging vom Kaiser Augustus, alle Welt solle sich in
Steuerlisten eintragen lassen. 2 Dies war die erste
Erhebung; sie fand statt, als Quirinius Statthalter in
Syrien war. 3 Und alle machten sich auf den Weg, um
sich eintragen zu lassen, jeder in seine Heimatstadt.
4 Auch Josef ging von Galiläa aus der Stadt Nazaret
hinauf nach Judäa in die Stadt Davids, die Betlehem

heisst, weil er aus dem Haus und Geschlecht Davids
war, 5 um sich eintragen zu lassen mit Maria, seiner
Verlobten, die war schwanger. 6 Und es geschah,
während sie dort waren, dass die Zeit kam, da sie
gebären sollte. 7 Und sie gebar ihren ersten Sohn und
wickelte ihn in Windeln und legte ihn in eine
Futterkrippe, denn in der Herberge war kein Platz für
sie. 8 Und es waren Hirten in jener Gegend auf freiem
Feld und hielten in der Nacht Wache bei ihrer Herde.
9 Und ein Engel des Herrn trat zu ihnen, und der
Glanz des Herrn umleuchtete sie, und sie fürchteten
sich sehr. 10 Da sagte der Engel zu ihnen: Fürchtet
euch nicht! Denn seht, ich verkündige euch grosse
Freude, die allem Volk widerfahren wird: 11 Euch
wurde heute der Retter geboren, der Gesalbte, der
Herr, in der Stadt Davids. 12 Und dies sei euch das
Zeichen: Ihr werdet ein neugeborenes Kind finden, das
in Windeln gewickelt ist und in einer Futterkrippe
liegt. 13 Und auf einmal war bei dem Engel die ganze
himmlische Heerschar, die lobten Gott und sprachen:
14 Ehre sei Gott in der Höhe und Friede auf Erden
unter den Menschen seines Wohlgefallens. 15 Und es
geschah, als die Engel von ihnen weggegangen waren,
in den Himmel zurück, dass die Hirten zueinander
sagten: Lasst uns nach Betlehem gehen und die
Geschichte sehen, die der Herr uns kundgetan hat!
16 Und sie gingen eilends und fanden Maria und Josef
und das neugeborene Kind, das in der Futterkrippe
lag. 17 Und als sie es sahen, taten sie das Wort kund,
das ihnen über dieses Kind gesagt worden war.
18 Und alle, die es hörten, staunten über das, was
ihnen von den Hirten gesagt wurde. 19 Maria aber
behielt alle diese Worte und bewegte sie in ihrem

Herzen. 20 Und die Hirten kehrten zurück und priesen und lobten Gott für alles, was sie gehört und gesehen hatten, so wie es ihnen gesagt worden war. Lk. 2,1-20

Friede auf Erden haben die Engel den Hirten verkündet. Und dass mit dem Kind, dessen Geburt wir heute feiern, die Menschen gerettet und erlöst werden. — Die Geburt eines einzigen Kindes soll die Welt verändern. — Die Christen stellen seit über 2000 Jahren dieses Kind, Jesus, in den Mittelpunkt der Weltgeschichte. — Sie erwarten die Rettung der Menschheit nicht von einem einflussreichen Staatsmann. Nicht vom damaligen Weltherrscher, dem Kaiser Augustus, und heute nicht vom Präsidenten der USA, nicht vom russischen Staatspräsidenten... Sie erwarten die Rettung der Menschheit auch nicht von neuen Technologien, nicht von Genfood oder Spitzenmedizin. So wichtig auch der medizinische und wissenschaftliche Fortschritt für uns sein mag — wir wissen alle, dass er uns nebst Segen, Hilfe und Erleichterung auch viele Gefahren und Fluch bringt. Der technische Fortschritt kommt oft aus der Forschung für militärische Zwecke und ist für Zerstörung gedacht. So wusste man bei den ersten Atombombentests zum Beispiel nicht, ob nicht die ganze Atmosphäre durch die Wucht der Bombe zerstört würde. Die Verantwortlichen nahmen das Risiko in Kauf. Ich will damit zeigen, dass unser sogenannte Fortschritt immer sehr zwiespältig ist, weil wenige Skrupellose ihn für ihre eigenen Ziele missbrauchen. — Das zeigt, dass die versprochene Rettung nicht von dieser Welt, nicht von Menschen kommen kann. Aus einer andern Welt, von Gott selbst, soll uns die Rettung erreichen. —

Ich möchte mit Ihnen heute darüber nachdenken, wie uns diese Rettung erreicht. — Es darf ja nicht bei einem blossen Glauben daran bleiben, dass ich am Ende meines Lebens zu Gott in den Himmel komme, weil ich immer daran geglaubt habe, dass Christus mich erlöst. — Was also kann das Wort von der Erlösung in unserem Leben bedeuten und bewirken? — Auch Menschen, die Gott vertrauen, haben ihre alltäglichen Sorgen. Vielleicht leiden sogar einige daran, dass ihnen das Leben sinnlos scheint. Dass sie sich an nichts wirklich freuen können, die Welt als lieblos und kalt empfinden. — In der Bibel wird unsere Welt, so wie sie uns täglich im eigenen Leben und durch die Medien erreicht, als dunkel beschrieben. Es ist eine spannungsgeladene Welt, ein Kampf um ein bisschen Glück, ein Kampf gegen Krankheiten und Schmerzen, eine Welt voller konfliktgeladener Beziehungen und Stress. — In diese unsere Realität hinein wurde Jesus geboren. — Das Kind in der Krippe kann uns nicht retten. Die Geburt Jesu, die wir heute feiern, war aber der Ausgangspunkt seines rettenden Handelns. Wie die Taufe eines Menschen der Anfang seiner Entwicklung im Glauben ist, wie sie der Beginn seiner Beziehung zu Gott ist, so ist auch die Geburt Jesu der Beginn seines rettenden Lebens. — Jesus hat sein Leben konsequent in Verbindung mit Gott gelebt. „Ich tue nicht meinen Willen, sondern den Willen dessen, der mich gesandt hat", hat er gesagt. Er hat sich radikal für die Menschen eingesetzt — indem er ihnen von Gott erzählte und sie heilte. Und indem er Menschen nicht verurteilte, sondern ihnen helfen wollte, neu zu beginnen. Gottes Geist hat in Jesus gewirkt. Er war zeitlebens von ihm erfüllt und liess sich von ihm leiten. Er hat seine göttliche Berufung in Worten und Taten so konsequent gelebt, dass er selbst den Widerstand von Vertretern seines eigenen Volkes und seine Verurteilung als Volksverführer in Kauf genommen hat. Erst sein gelebtes Leben, das von der Krippe bis ans Kreuz führte, vermag etwas in dieser Welt zu verändern.

Was erfahren wir heute von dieser Veränderung, die uns in der Bibel als Rettung und Erlösung verheissen ist? Wird etwas von dieser Verheissung in unserem Leben Wirklichkeit? — Dies scheint mir die alles entscheidende Frage. Wie wird die versprochene Hilfe und Wandlung uns zuteil? Wie eigne ich sie mir an? — Christus ist in diese Welt hineingeboren worden, um sich uns zu schenken. Er hat uns durch sein Reden und Tun Gottes Wesen nahe gebracht. Wenn wir uns auf ihn einlassen, wenn wir an ihm erkennen, wie Gott zu uns steht, dann kann eine Beziehung und Vertrauen zu Gott in uns wachsen. Und dieses Vertrauen in Gott kann schon einiges in unserem Leben ändern. — Vielleicht ändert sich äusserlich gar nicht viel, aber in unserem Herzen geschieht etwas.

Vielleicht haben Sie auch schon erlebt, dass Sie sich plötzlich innerlich geborgen fühlten. Vielleicht haben Sie schon gespürt, wie sie von einer Liebe umfangen sind, die nicht aus dieser Welt kommt. Oder Sie haben tagelang ein Problem gewälzt — und dann, plötzlich oder langsam, hat sich ein tiefer Friede in Ihrem Innern ausgebreitet. Ich habe schon Menschen im Spital besucht, die äusserlich wenig Hoffnung auf ein gutes Weiterleben hatten. Aber in ihrem Innern spürten sie, dass Gott ganz nahe bei ihnen war und sie trug. Sie wussten: Auch wenn ich sterbe kommt es gut. Ich werde bei Gott aufgehoben sein, so wie ich mich jetzt getragen fühle. Diese innere Ruhe, dieses innere Vertrauen ins Leben, in Gott, scheint mir eine Wirkung von dem zu sein, was an Weihnachten begonnen hat. —

Das Geschenk, das Gott uns an Weihnachten macht, übersteigt unsere Vorstellungskraft und unser Denken. Es ist ein Geschenk, das wir uns immer wieder erschliessen müssen. Wir müssen uns mit dem beschäftigen, was hier an Weihnachten geschehen ist, uns mit Gottes Geschenk und mit seinen Zusagen vertraut machen — und so werden wir allmählich begreifen. — Im Gebet den Kontakt zu Gott halten, in einem Kirchenlied Trost suchen, mit andern Menschen über den Glauben sprechen, durch ein christliches Buch sich dem Geheimnis nähern, das wir Gott nennen — dies können wir selbst dazu beitragen, um das Leben aus Gott zu entdecken. — Manchmal stellt es sich auch plötzlich ein: In einer Begegnung, wenn wir allein sind und in uns hineinhören, auf einer Wanderung spürt man etwas von der Wirklichkeit, die uns im Leben leiten will, die unendlich viel grösser ist als alles, was wir in dieser sichtbaren Welt erfahren können.

Auch wenn vieles in unserem Leben unsicher, zwiespältig, konfliktbeladen und zerrissen ist. Auch wenn wir nicht alles richtig machen, hinter unseren eigenen Ansprüchen zurückbleiben, können wir vielleicht doch Spuren von Gottes Handeln in unserem Leben entdecken. Vielleicht wollen Sie sich einmal eine Viertelstunde Zeit nehmen und sich an all die guten Ereignisse in Ihrem Leben erinnern, in denen Sie Liebe, Zuwendung und Hilfe erfahren haben. Nehmen Sie sich in einer weiteren Viertelstunde die Zeit zu überlegen, wo Sie andern eine Freude machen konnten. Wo konnten Sie Liebe schenken? Wo konnten Sie für eine gute

Sache eintreten? Wo sind Sie mutig für die Wahrheit eingestanden — auch wenn viele andere das Gegenteil behauptet haben? — Gottes Spuren in einem Menschenleben, sein erlösendes Handeln sind sehr individuell. Dort, wo Sie mehr Lebensqualität, Freude und Liebe in diese Welt bringen konnten, wird sein Handeln in der Welt sichtbar. — Wenn Menschen Anteil nehmen am Schicksal ihrer Mitmenschen — sei es die Familie oder seien es Menschen in andern Kontinenten — bereitet sich der Geist von Weihnachten, der Geist der Menschenliebe und der Hilfe Bahn. Die Wahrheit und Kraft von Weihnachten, dass Gott sich um uns kümmert und uns mit seiner Liebe begleitet, gilt an jedem Tag. Wenn der weihnächtliche Geist Menschen erfasst, ist Weihnachten nicht mehr an ein Datum gebunden. Dann geschieht das ganze Jahr über Weihnachten. Gerade dadurch aber wird das Fest von einem gewissen sentimentalen Druck befreit, dem ich immer wieder begegne. Dann erwarten die Menschen nicht mehr, dass sich all ihre unerfüllten Sehnsüchte und Wünsche an diesen zwei Tagen erfüllen müssten, das plötzlich alles anders sein müsste. — Seit Weihnachten und Ostern steht die Welt unter einem andern Stern. An den beiden Weihnachtstagen erinnern wir uns einfach daran. Wer dem Geheimnis Gottes auf der Spur ist, erlebt nicht nur während des ganzen Jahres Weihnachten, sondern auch immer wieder Karfreitag, Ostern und Pfingsten. Die Hilfe von Gott erhoffen, mit ihm in Verbindung bleiben — meine Mitmenschen im Auge behalten — inneren Frieden erfahren — an diesem Leben leiden — mich aber nicht unterkriegen lassen von den vielfältigen persönlichen und weltweiten Schwierigkeiten — und versuchen, meine Mitmenschen zu verstehen — so geschieht im eigenen Leben das ganze Jahr über Weihnachten, Karfreitag, Ostern und Pfingsten.

Vergebung

Voll Freude sagt Dank dem Vater, der euch fähig gemacht hat, Anteil zu haben am Los der Heiligen, die im Licht sind. Er hat uns der Macht der Finsternis entrissen und uns versetzt ins Reich seines geliebten Sohnes, in dem wir die Erlösung haben, die Vergebung der Sünden. Kol. 1.12-14

Die schwersten Lasten, die Menschen in ihrem Leben herumtragen, sind unsichtbar. Sie kennen sicher alle aus Filmen Bilder von Gefangenen, die eine Eisenkugel am einen Bein nachschleppen müssen. — Ich denke, im Leben jedes Menschen gibt es solche Eisenkugeln. Zwar unsichtbar, aber umso wirksamer, blockieren sie unser Leben. Eine solche Eisenkugel ist menschliche Schuld — sei es eigene oder fremde Schuld.

Jesus hat gewusst, dass Schuld Menschen niederdrückt, Beziehungen verunmöglicht, ein gesundes Wachstum aus dem Gleichgewicht bringt. Schuld ist nicht harmlos. Darum ist in der Bibel viel von Vergebung die Rede. Bei dem Herrn ist Erbarmen und Vergebung, heisst es im Buch Daniel.

Ich lade Sie ein, ein paar Augenblicke nachzudenken: Welche Situation kommt Ihnen beim Wort Vergebung in den Sinn? Was verstehen Sie unter Vergebung?

Wahrscheinlich stehen die meisten vor der Aufgabe zu vergeben, wenn jemand sie verletzt oder gekränkt hat. Oder wenn ihnen jemand Unrecht getan hat. — Es kann sich dabei um eine scheinbare Bagatelle handeln, die einem aber immer noch beschäftigt. Es kann sich aber auch um etwas Schwerwiegendes handeln: Wenn z. B. ein Vater seine Tochter immer wieder gekränkt hat, sie ihm nichts recht machen konnte, er ständig an ihr herumgenörgelt hat. — Dann nimmt die Seele der Tochter wirklich Schaden, und sie wird noch als Erwachsene dafür kämpfen müssen, dass sie sich von den früheren Demütigungen erholen kann.

Richtig verzeihen will geübt sein. Wenn uns jemand verletzt hat, dann reagieren wir zuerst einmal mit Wut, vielleicht auch mit Trauer. Diese Wut kann und soll man nicht übergehen, sonst wühlt sie im Inneren weiter. Dann wird sie zu Groll oder Verbitterung und sucht sich einen verworrenen Weg, auf dem sie sich ausdrücken kann. Vielleicht klingt es überraschend für sie, aber Wut ist ein erster Schritt zur Vergebung. — Vergeben heisst nicht, dass man die eigenen Gefühle verleugnet oder verdrängt. — Die Wut hat eine ganz wichtige Funktion. Sie ist eine gewaltige Kraft. Sie hilft, dass man sich von dem Menschen, der einem verletzt hat, distanzieren kann. Wenn man verletzt wurde, ist es ganz wichtig, Distanz zu gewinnen. — Distanz hilft, das Verhalten des andern und die Situation klarer einzuschätzen. — Wenn die Wut sich gelegt hat, und der Schmerz abgeklungen ist, kann man genauer hinsehen.

Den andern verstehen, das ist ein zweiter Schritt zur Vergebung. — Vielleicht merke ich, dass sich der andere mir gegenüber unterlegen fühlt und mich deshalb klein machen musste. Es gibt Menschen, die sich selber minderwertig fühlen, und denen es besser geht, wenn sie andere beleidigen und erniedrigen können. —

Diese zwei Schritte: dank der eigenen Wut Distanz zum andern gewinnen und sein Verhalten dann wenigstens ein Stück weit verstehen können, sind sehr hilfreich. Wenn man versteht, dass der andere aus seiner inneren Problematik, aus eigener Verletztheit heraus lieblos gehandelt hat, dann fällt es leichter, ihm zu vergeben. Wenn man merkt, dass eine ungerechte Kritik oder erniedrigendes Verhalten ganz viel mit den Problemen des andern zu tun hat — und nicht mit einem selber, dann gewinnt man wieder Luft. Dann trifft es einen nicht mehr so hart. Dann hat der Streit, das böse Wort, die ungerechte Behandlung keine Macht mehr über einem. — Vergeben hat viel mit Verstehen zu tun.

Wer einem andern vergeben kann, muss nicht mehr mit seinen Verletzungen hadern. Er wird frei von den negativen Erfahrungen. Sie hören auf, in seiner Seele zu wirken. — Dazu gehört auch, negative Urteile anderer nicht einfach anzunehmen. — Dies gelingt, indem man sich sagt: Ich bin mehr als das, was der andere an mir kritisiert. Oder: Das hat Null Promille mit mir zu tun, weit daneben. Oder: Die Kritik hat mehr mit dem andern als mit mir zu tun. — Wer sich zuerst von einem negativen Wort, einer ungerechten Behandlung distanzieren kann — und dann erkennt, dass der andere aus seinen Schwierigkeiten heraus so urteilt, der befreit sich von negativen Erfahrungen.

Oft ist uns vielleicht gar nicht mehr bewusst, wo wir immer noch verletzt sind. Nicht vergebene Konflikte können Menschen jahrelang gefangen halten. Und sie rauben uns sehr viel Energie, hindern uns am Weitergehen, wie die Kugel am Bein des Gefangenen.

Gott kennt uns, mit unserer Geschichte und all unseren Verletzungen und mit unseren Konflikten. Er hat uns einen freien Willen gegeben und möchte, dass wir möglichst so handeln, wie es seinem Liebeswillen entspricht. — Aber weil er um unsere Begrenztheit weiss, vergibt er uns auch immer wieder. — Es ist sein Anliegen, dass wir uns von den Schatten der Vergangenheit befreien und ohne kräftezehrende innere Lasten in die Zukunft gehen können. Seine Güte ist sehr gross. Ein Dichter der Bibel hat darüber nur staunen können: *Herr, deine Güte reicht, so weit der Himmel ist, und deine Wahrheit, so weit die Wolken gehen. Ps. 36.6*

Da wir Menschen nicht einfach so bei Gott leben, selig, in seiner ständigen Gegenwart, sind wir immer wieder in Gefahr, uns im Leben zu verirren. Sie kennen alle Situationen, in denen man meint, auf dem richtigen Weg zu sein — aber es ist eine Sackgasse oder der Weg führt sogar in einen Abgrund. — Wenn Menschen getrennt von Gott sind, wenn ihre Wege sie nicht zum wirklichen Leben führen, nennt die Bibel das Sünde. Sünde ist alles, was der Liebe und der Entfaltung des Lebens zuwiderläuft. — Wenn Gott vergibt, dann bedeutet das auch, dass er Menschen die Augen öffnet. Dass er ihnen einen klaren Blick dafür gibt, was sie ändern müssten. Dass Menschen erkennen: Mein Handeln, mein Denken ist destruktiv. Es führt mich und andere nicht zum wahren Leben. — Solche Erkenntnis kann erschütternd sein. Und sie kann Menschen dazu führen, anders zu denken und zu handeln.

Vergebung ist eine gewaltige Kraft. Darum lehrt Jesus seine Jünger auch beten: Vater, vergib uns unsere Schuld — wie auch wir vergeben unsern Schuldigern.

Unsere Fähigkeit zu vergeben ist zentral für das Gelingen unserer Beziehungen. — Sehr oft gelingt es ja auch, dass wir nachsichtig miteinander umgehen. Dass auch Versäumnisse und kurzfristiger Streit das gegenseitige Wohlwollen nicht zerstören können. — Vergeben heisst nicht, dem andern alles durchgehen lassen. — Manchmal ist es auch an der Zeit, sich zu wehren. Dem andern klar zu machen, dass er einen besser behandeln soll. — Aber es gibt auch immer wieder kleinere Spannungen und Konflikte, die durch Vergebung bereinigt werden können. Peter Reber singt in einem Lied: Es isch schön, mit dir z schriite — will me sich mit dir so guet versöhne cha.

Vergebung stellt die Beziehung wieder her. Sie zeigt, dass die Liebe zum andern Menschen stärker ist, als die Kränkung, die ich erfahren habe. So vergibt uns Gott immer wieder neu: *So weit der Abend von dem Morgen ist, lässt er unsere Übertretungen von uns sein. Ps. 103.12*

Wasser des Lebens

Und der Geist und die Braut sprechen: Komm! Und wer es hört, sage: Komm! Und wer dürstet, der komme, und wer will, der nehme vom Wasser des Lebens, umsonst. Offg. 22.17

Jesus und die Samaritanerin
4 1 Als nun Jesus erfuhr, dass die Pharisäer gehört
hatten, Jesus gewinne und taufe mehr Jünger als
Johannes 2 - allerdings taufte Jesus nicht selber,
sondern seine Jünger tauften -, 3 verliess er Judäa und
ging wieder nach Galiläa.
4 Er musste aber durch Samaria hindurchziehen.
5 Nun kommt er in die Nähe einer Stadt in Samarien
namens Sychar, nahe bei dem Grundstück, das Jakob

seinem Sohn Josef gegeben hatte. 6 Dort war der Brunnen Jakobs. Jesus war müde von der Reise, und so setzte er sich an den Brunnen; es war um die sechste Stunde. 7 Eine Frau aus Samaria kommt, um Wasser zu schöpfen. Jesus sagt zu ihr: Gib mir zu trinken! 8 Seine Jünger waren nämlich in die Stadt gegangen, um Essen zu kaufen. 9 Die Samaritanerin nun sagt zu ihm: Wie kannst du, ein Jude, von mir, einer Samaritanerin, zu trinken verlangen? Juden verkehren nämlich nicht mit Samaritanern. 10 Jesus antwortete ihr: Kenntest du die Gabe Gottes und wüsstest, wer es ist, der zu dir sagt: Gib mir zu trinken, so würdest du ihn bitten, und er gäbe dir lebendiges Wasser. 11 Die Frau sagt zu ihm: Herr, du hast kein Schöpfgefäss, und der Brunnen ist tief. Woher also hast du das lebendige Wasser? 12 Bist du etwa grösser als unser Vater Jakob, der uns den Brunnen gegeben hat? Er selbst hat aus ihm getrunken, er und seine Söhne und sein Vieh. 13 Jesus entgegnete ihr: Jeder, der von diesem Wasser trinkt, wird wieder Durst haben. 14 Wer aber von dem Wasser trinkt, das ich ihm geben werde, der wird in Ewigkeit nicht mehr Durst haben, nein, das Wasser, das ich ihm geben werde, wird in ihm zu einer Quelle werden, deren Wasser ins ewige Leben sprudelt. 15 Die Frau sagt zu ihm: Herr, gib mir dieses Wasser, damit ich nicht mehr Durst habe und hierher kommen muss, um zu schöpfen.
Joh. 4. 1-15

Die Szene am Brunnen Jakobs vermag mich immer wieder zu faszinieren. Jesus unterbricht seine Wanderung — er bleibt bei einer Frau am Brunnen stehen, bei einer Frau, die gerade Wasser schöpft. Diese ist sehr erstaunt, dass ein Jude sie, die Samaritanerin, anspricht. Weshalb haben die Juden nicht mit den Samaritanern verkehrt? — Dazu muss man die Geschichte des alten Israel kennen. — Das Nordreich Israel wurde um 722 v. Chr. von den Assyrern erobert. Die Assyrer haben in ihrer Eroberungspolitik jeweils andere Völker in den eroberten Gebieten angesiedelt, um die neuen Untertanen zu schwächen. Natürlich haben sich die Juden in Samaria mit den andern Völkern vermischt. Durch Mischehen und das Übernehmen heidnischer Bräuche wurde der Glaube der Samaritaner verändert. Sie hatten ihren heiligen Ort auf dem Berg Garizim und akzeptierten den Tempel in Jerusalem nicht als Kultort. Deshalb galten sie den meisten Juden als Heiden, als nicht rechtgläubig. Gläubige Juden kritisierten, dass die Samaritaner Elemente aus andern Religionen übernommen hatten und Mischehen eingegangen waren. Deshalb hielten sich viele Juden von ihnen fern. — Jesus setzt sich also wieder einmal über eine Konvention hinweg, wenn er die fremde Samaritanerin anspricht. — Der Verlauf der Geschichte zeigt, dass Jesus Gräben zwischen Menschen überwunden hat. Er ist nicht nur für die Juden da, sondern auch für die Samaritaner.

Jesus kommt um die Mittagszeit an den Brunnen, hat Durst und bittet die Frau um etwas Trinkwasser — und es entsteht daraus ein intensives Gespräch. Er bittet die Frau um ein irdisches Gut — und später in der Geschichte hören wir, dass er ihr ein viel grösseres himmlisches Gut zu geben vermag. —

Wasser ist etwas ganz Essentielles. Ohne Wasser gäbe es auf unserem Planeten kein Leben. Wir haben Wasser nötig, um am Leben zu bleiben. — In den Menschenrechten ist das Recht auf Wasser zwar verankert, aber leider gibt es noch immer Millionen von Menschen, die keinen Zugang zu sauberem Trinkwasser haben. Und eine ganz bedenkliche Entwicklung hat in südamerikanischen Ländern bereits eingesetzt: Ein Pfarrkollege war ein halbes Jahr in Brasilien. Er hat berichtet, dass dort private Firmen die Rechte an Trinkwasser aufkaufen. So wird das Wasser privatisiert. Wenn die Besitzer die Preise ansteigen lassen, hat dies katastrophale Folgen für die unzähligen Armen im Land. Zum Glück gibt es aber auch Hilfsprojekte, wie das grossangelegte Brunnenprojekt von Helvetas. Jährlich werden viele neue Brunnen gegraben, die Menschen den Zugang zu sauberem Wasser ermöglichen.

Wasser bedeutet Leben. Wir haben heute bei der Taufe Wasser als Symbol dafür verwendet, dass Marc in ein Leben mit Gott getauft werden soll. Das Wasser ist ein Zeichen dafür, dass er mit Gott verbunden leben soll. In unserer Geschichte kommt dies sehr gut zum Ausdruck. — Jesus bittet die Frau also um etwas Lebensnotwendiges. Als sie zögert, ihm das Wasser zu reichen, erklärt er ihr: Wenn du wüsstest, wer da vor dir steht, dann würdest du ihn um Wasser bitten. — Und er würde dir lebendiges Wasser geben. — Und nun beginnt das Missverständnis. Die Frau meint natürlich, dass Jesus ebenfalls vom Element Wasser spricht. Wie will der, ohne Schöpfgefäss, aus diesem Brunnen Wasser schöpfen? — Und nun berichtet Jesus Erstaunliches über sein Wasser: Wer von dem Wasser des Jakobbrunnens trinkt, bekommt bald wieder Durst. Wer von dem Wasser trinkt, das er ihm gibt, wird in Ewigkeit keinen Durst mehr haben. Das Wasser von Jesus wird im Menschen zu einer Quelle werden, die ins Ewige Leben sprudelt. — Ein wunderbares Bild für die geistlichen Gaben und für die Lebenskraft, die Gott den Menschen geben will. Wer mit Jesus verbunden bleibt, der wird geistlich immer neu genährt vom Wasser des Lebens.

Wasser, das den Durst bleibend stillt — das überzeugt die Frau. Sie bittet Jesus um dieses Wasser. Sie meint aber, er spreche von Trinkwasser, das den Durst bleibend stillt. — Keine mühsamen Gänge zum Brunnen mehr. Kein Wasser mehr auf dem Kopf nach Hause tragen müssen, das würde der Frau gefallen. Aber Jesus erspart ihr die weiteren, mühsamen Gänge zum Brunnen nicht. Wenn wir uns auf Gott einlassen, nach ihm fragen, ihn um vieles bitten, dann erspart er auch uns die alltäglichen mühsamen Tätigkeiten nicht. Aber er kann in unserm Innern eine neue Quelle erschaffen. Eine Quelle, die uns innerlich belebt, stärkt, Frieden schenkt.

Die Frau denkt, natürlicherweise, auf der Ebene dieser Welt. — Jesus spricht aber von der geistlichen Ebene Gottes. — Der Evangelist Johannes beschreibt gerne solche Missverständnisse, um dem Leser zu zeigen, dass die Worte Jesu nicht im Horizont der sichtbaren Welt, der Natur oder Wissenschaft verstanden werden wollen. Johannes nutzt dann diese Missverständnisse, um den Leser auf neue Denkpfade zu lenken, um ihm eine Ahnung davon zu geben, wie das Reich Gottes mitten in diesem Leben erfahren werden kann. Gottes Realität ist anders geartet als die uns bekannte Welt. Deshalb führt Johannes den Leser über den menschlichen Horizont hinaus in die Wirklichkeit Gottes.

Wir haben jeden Tag mehrmals Durst und trinken Wasser oder andere Getränke. Aber spüren Sie auch den Durst Ihrer Seele nach Gott? Spüren Sie eine innere Unruhe, die weiss, dass es mehr geben muss, als die täglichen Aufgaben, Sorgen, Freuden und Ärgernisse? — Ich meine zu beobachten, dass viele Menschen ihren Durst nach Gott nicht spüren. Dass sie so von der Arbeit, von ihren Beziehungen und anderem ausgefüllt sind, dass dieser Durst ganz in den Hintergrund tritt. Dies scheint mir natürlich, weil die materielle Welt, die Beziehungen zu Menschen, mein Beruf, alles, was mich täglich beschäftigt, doch sehr im Vordergrund steht. — Aber wenn es denn so ist, dass dieses lebendige Wasser, von dem Jesus spricht, für den Menschen ebenso essentiell ist wie das Trinkwasser, dann lohnt es sich doch, diesen Durst zuzulassen, ihm Aufmerksamkeit zu schenken — und aus den Quellen Gottes zu schöpfen, wenn der Durst nach wahrem Leben sich meldet.

— Was aber meint Jesus mit dem lebendigen Wasser? Und wie könnte sich dieses geheimnisvolle lebendige Wasser, von dem er spricht, denn äussern? — Ich kenne die richtige Antwort nicht. Aber ich habe, im Nachdenken über unsern Text, einige mögliche Antworten gefunden. Vielleicht finden Sie für sich weitere Antworten.

Das Wort Gottes wird in der Bibel als Nahrung für den Menschen beschrieben. Tröstende, ermutigende Worte Gottes können einen Menschen erfrischen. — Vielleicht haben Sie auch schon erlebt, dass Sie müde, niedergeschlagen waren. Dass Sie sich fragten, ob all das, was Sie tun, einen Sinn hat. Und dass Ihnen dann ein Mensch genau das richtige Wort sagte. Dass Sie das Wort dieses Menschen als eine Erfrischung erleben durften. Ein Wort, das Ihnen neues Selbstvertrauen gab. Ein Wort, das

Ihnen die Gewissheit gab, auf dem richtigen Weg zu sein. — So könnte das lebendige Wasser Gottes sich äussern: Als ein erfrischendes, Mut spendendes Wort.

Ich glaube an die creatio continua. Das heisst: Die Schöpfung ist nicht abgeschlossen, sondern Gott erschafft diese Welt ständig weiter. — Ich glaube, dass Gott unsere ganze Menschenwelt jeden Tag, jede Stunde und Sekunde durch seine Kraft erhalten muss — sonst würde alles in Nichts zusammenfallen. Diese göttliche Kraft, aus der wir alle leben, verbindet jeden Menschen mit der Dimension Gottes. Weil es die göttliche Energie ist, die uns am Leben erhält, sind wir in diesem Leben immer schon mit der Ewigkeit verbunden. Die göttliche Lebensenergie, die in uns fliesst, ist unerschöpflich — und sie reicht tatsächlich in die Ewigkeit.

Die Erfahrung, dass Gott mich trägt, dass er mir in meinem Leben hilft, kann in mir auch zu einer Quelle werden, die mich lebendig bleiben und hoffen lässt. Wenn ich mich innerlich getragen und bei Gott aufgehoben weiss, erlebe ich eine starke, bewegte Kraft in mir, die mich auch dann lebendig erhält, wenn ich Schreckliches beobachte, wenn mein eigenes Leben durch Schmerzen, Altern, Krankheit bedroht ist. — Ich habe schon einige Male betagte Menschen erlebt, die krank waren, im Spital lagen. Aber seltsam: Sie sahen gar nicht resigniert aus. — Ich erinnere mich an eine alte Frau, die sehr gelassen und fast fröhlich in ihrem Spitalbett lag. Sie wisse, dass alles gut sei. Sie vertraue Gott, hat sie gesagt. Der lebendige Strom in ihrem Innern konnte auch durch die schmerzliche Situation im Krankenhaus nicht aufgehalten werden. —

Aus Gottes Quellen leben — durch seine Kraft bewegt und ins Leben gerufen werden. — Nicht alle Menschen erleben dies bewusst. Und ich meine, dass wir dieses Lebenswasser auch nicht jeden Tag und in jedem Lebensabschnitt gleich intensiv spüren — aber es ist sehr real, dieses Wasser des Lebens, das Gott den Menschen geben will. Gott will die Beziehung zu Menschen aufrecht erhalten, und er will sie aus seinen unerschöpflichen Quellen mit dem Lebensnotwendigen versorgen.

Was Menschen brauchen

Vom Umgang mit dem Besitz
19 Sammelt euch nicht Schätze auf Erden, wo Motte und Rost sie zerfressen, wo Diebe einbrechen und stehlen. 20 Sammelt euch vielmehr Schätze im Himmel, wo weder Motte noch Rost sie zerfressen, wo keine Diebe einbrechen und stehlen. 21 Denn wo dein Schatz ist, da ist auch dein Herz. Mt. 6.19-21

Zur Frage nach dem höchsten Gebot
34 Als aber die Pharisäer hörten, dass er die Sadduzäer zum Schweigen gebracht hatte, versammelten sie sich am selben Ort. 35 Und in der Absicht, ihn auf die Probe zu stellen, fragte ihn einer von ihnen, ein Gesetzeslehrer: 36 Meister, welches Gebot ist das höchste im Gesetz? 37 Er sagte zu ihm: ***Du sollst den Herrn, deinen Gott, lieben mit deinem ganzen Herzen und mit deiner ganzen Seele und mit deinem ganzen Verstand.*** *38 Dies ist das höchste und erste Gebot. 39 Das zweite aber ist ihm gleich:* ***Du sollst deinen Nächsten lieben wie dich selbst.*** *40 An diesen beiden Geboten hängt das ganze Gesetz und die Propheten. Mt. 22.34-40*

Was haben diese beiden Bibelstellen gemeinsam? — Beide Stellen befassen sich mit der Frage, was in unserem Leben wirklich wichtig ist, was wirklich zählt. — Worauf richten wir unsere Aufmerksamkeit im Leben? — Was uns wichtig ist, beansprucht einen grossen Teil unserer Zeit und Energie. Wir lenken unsere Gefühle und Gedanken darauf. — Oder etwa doch nicht? Gibt es Beziehungen, Tätigkeiten oder Arbeitsfelder, die Ihnen eigentlich ganz wertvoll erscheinen — aber aus irgendeinem Grund packen Sie die Aufgabe nicht an? — Für Sie, die hier sind, ist Gott bereits wichtig. Sie pflegen die Beziehung zu ihm. Gott gibt uns den Rat, ihn zu suchen und ihn zu lieben, mit ganzem Herzen und all unseren Kräften. Wenn Menschen Gott lieben, dann fragen sie nach seinem Willen für ihr Leben. Sie bemühen sich darum, das zu tun, was dem Leben wirklich dient. Manchmal ist das anstrengend und mit Verzicht verbunden. Aber Gott verheisst uns, dass wir an ein gutes Ziel kommen, wenn wir uns an ihm orientieren. — Das tun, was meinem Leben wirklich dient — und das tun, was dem Leben meines Nächsten wirklich dient — das ist die Kernbotschaft beider Bibelstellen.

Gott und seinen Nächsten lieben — das sind die beiden wichtigsten Gebote.

Wir alle wissen, dass man Liebe nicht gebieten, nicht befehlen kann. Aber zum Glück lebt doch in jedem Menschen ein grösseres oder kleineres Quantum an Liebesfähigkeit. Jemanden lieben hat viele Aspekte. Wahrscheinlich kommt den meisten zuerst die romantische Liebe in den Sinn. Die Liebe zwischen Mann und Frau, wie sie tausendfach besungen wurde und in unzähligen Filmen gezeigt wird. Wir alle wissen aber, dass lieben weit mehr bedeutet. Wenn wir wissen, dass Menschen in unserer Gemeinde oder ganz weit weg in Not sind und etwas tun, um ihnen zu helfen, dann ist das Liebe. Etwas tun, damit auch andere, die vom Schicksal benachteiligt worden sind, bessere Lebensbedingungen haben. Ich denke sogar, dass das Gebot von Jesus Christus diesen Aspekt zentral im Auge hat! — Nächstenliebe geschieht, wenn in unserer Gemeinde für Kinder in Haiti Geld gesammelt wird, und es dort Menschen vor Ort gibt, die den Kindern ein Zuhause und eine Schulbildung ermöglichen. — Oder wenn Menschen in unserer Gemeinde einsame oder kranke Mitglieder besuchen. — Lieben beginnt damit, die Umstände des andern zu sehen. Ein offenes Ohr für den andern zu haben, ihm oder ihr Zeit zu schenken — etwas, das heute gar nicht mehr selbstverständlich ist. Als soziale Wesen sind wir sehr aufeinander angewiesen. Und so macht die Zuwendung, die wir von andern empfangen und die wir selber weitergeben unser Leben zutiefst lebenswert. Wenn wir das Leben anderer Menschen fördern, ihnen etwas von ihrer Last abnehmen, ihnen einen Rat geben können, der weiterhilft, dann sammeln wir Schätze — Schätze im Himmel. — Ich habe bei zwei Konfirmandengruppen eine Umfrage gemacht, was ihnen im Leben besonders wichtig ist. An erster Stelle kamen die Familie und Freunde. Nicht etwa das Gamen am Computer oder das Fernsehen! Obwohl die Jungen dafür viel Zeit und Energie aufwenden. Meiner Meinung nach verbringen die jungen Generationen zu viel Zeit vor dem Fernseher oder vor dem Computer. Aber es tröstet doch zu wissen, dass Beziehungen einen zentralen Stellenwert im Leben behalten haben. Und ich denke, dass für viele Kinder die Grosseltern ganz wichtige Bezugspersonen sind. Vielleicht können sie bei ihnen zur Ruhe kommen, vorausgesetzt die Grosseltern haben genug Zeit für sie. Jemand hat genug Zeit für sie. Meine Grossmutter konnte oft stundenlang geduldig zuhören. Das gibt einem Kind Vertrauen ins Leben.

Jesus fordert uns zu echter Mitmenschlichkeit auf. Der Ethiker Arthur Rich, 1910 – 1992, schreibt dazu: „Menschlichkeit in der Perspektive der Liebe trägt wesenhaft dialogischen Charakter. Wirkliche Liebe gibt es ja nie an sich, sie gibt es immer nur zwischen Du und Ich. Ist die Liebe bloss Ich-bezogen, so verfällt sie der Selbstliebe, dem Egoismus, ist sie nur Du-orientiert, dann der Fremdliebe, dem Altruismus. Das eine wie das andere erweist sich als Verfehlung des wahrhaft Menschlichen: entweder als Opferung des Du oder als Opferung des Ich. Humanität aus Glauben, Hoffnung, Liebe wird beidem widerstehen müssen: Hier gilt: *Du sollst deinen Nächsten lieben wie dich selbst.* Und das bedeutet Sein des Du mit dem Ich, des Ich mit dem Du, kurzum mitmenschlich-dialogisches Leben, was im Gegensatz zum Individualismus wie zum Kollektivismus erst das Personsein des Menschen ausmacht.“ Wenn Menschen wirklich aufeinander bezogen leben, wenn sie einander schätzen und abwägen zwischen den eigenen Bedürfnissen und dem, was der andere gerade braucht, dann entsteht ein neuer Lebensraum. Wir sollen immer neu den Ausgleich finden zwischen der Sorge um uns selbst, unseren eigensten Bedürfnissen und der Sorge um andere, dem Eingehen auf ihre Bedürfnisse. Nur egoistisch sein oder nur altruistisch leben, beides führt nicht zu einem gelungenen Miteinander. Einander wahrnehmen, einander beistehen, dazu lädt Gott uns ein. Aufgehoben sein bei Gott und bei andern Menschen — Glaube, Hoffnung, Liebe, das macht unser Leben lebenswert. Wir brauchen immer neu die Erfahrung, dass wir von andern angenommen sind, dass andere sich für uns interessieren und uns weiterhelfen.

Indem Jesus die Beziehung des Menschen zu Gott und seine Beziehung zu den Mitmenschen als das Wichtigste beschreibt, wird klar, dass alles, was hier auf der Welt geschieht, letztlich dem Menschen zugute kommen soll, und dass es dem Willen von Gott entsprechen soll. — Aber heute treffen wir auf so viele Machenschaften, die Menschen auf dieser Welt verzweifeln lassen! Die Mächtigen entwickeln ein System, das die Staaten in hohe Verschuldungen treibt. Die Staaten müssen so hohe Zinsen bezahlen, dass sie gar keine Chance mehr haben, aus der Schuldenfalle herauszukommen. Den Bürgern wird eine unerträgliche Last auferlegt. Die jüngsten Geschehnissen in Griechenland haben das gezeigt. Ein griechischer Schriftsteller sagt: Vor 40 Jahren waren wir klein und arm, aber respektiert. Nun haben wir unsere Ehre verloren. — Eine Regierung, die sich dazu verleiten liess, viel zu hohe Schulden zu machen. — Die Zahlen in unserem Finanzsystem sind oft nicht gedeckt. Es stehen keine echten Werte, keine Waren und Dienstleistungen dahinter. Und alles wird durch hohe Verschuldung finanziert. Und wenn dieses gigantische System dann zusammenbricht, leiden die Bürger darunter, die für die Verfehlungen der Verantwortlichen in Wirtschaft und Politik letztlich bürgen. Es gibt weniger Arbeitsplätze, eine schlechtere Altersvorsorge, viel höhere Mehrwertsteuern und so weiter.

Damit ein Mensch ein erfülltes Leben hat und seine Möglichkeiten auch ausschöpfen kann, braucht er auch eine solide materielle Grundlage. Nur sollte der Besitz die Grundlage zum Leben sein und bleiben — und nicht umgekehrt das ganze Leben dem Erwerben von materiellem Reichtum untergeordnet werden. Wenn das Materielle der einzige Lebensinhalt wird, kann es geschehen, dass Menschen innerlich arm bleiben, trotz oder gerade wegen dem äusseren Reichtum. Davor warnt uns der Text. Wer sich nur mit Äusserlichkeiten befasst, der lebt am Sinn des Lebens vorbei. Geht es doch im Leben auch darum, innerlich zu wachsen und zu reifen. Einen weiteren Horizont zu bekommen und liebesfähig zu werden. Im Austausch mit andern diese Welt positiv mitzugestalten. Und eben das geschieht nicht mehr, wenn die Gewinnmaximierung der einzige Leitfaden für das wirtschaftliche Handeln ist. Da wird auf Kosten der Menschen in der Dritten Welt optimiert und auf Kosten der Natur. Also auf Kosten derer, die sich nicht wehren können, und die nur als Ressourcen interessieren. Wenn alles dem Ziel, möglichst viel Geld zu generieren untergeordnet wird, dann gehen die wahren Werte verloren. Unser Bibeltext zeigt die Spannung zwischen „dem Geld dienen“ und „lieben“ auf.

Der christliche Ethiker Arthur Rich hat sich grundlegende Gedanken über eine gerechte Wirtschaftsordnung gemacht. Er schreibt: „Es genügt nicht, dass die Wirtschaft so oder anders funktionsfähig geordnet ist, sie soll es in einer Weise sein, die der Forderung des Menschlichen entspricht.“

Das Generieren von Geld darf nicht zum einzigen Sinn der Wirtschaft werden. Sie alle haben miterlebt, wie durch hohe Zinsversprechen und risikoreiche Bankgeschäfte Geld, das es eigentlich gar nie gegeben hat, wieder vernichtet worden ist. Das ginge ja noch. Tragisch sind die Folgen für die Pensionskassen und die Kleinanleger. Tragisch sind auch die Folgen für Millionen von Menschen, wenn der Reispreis auf dem Weltmarkt steigt, und sich arme Familien in der Dritten Welt plötzlich nicht mehr genügend Reis kaufen können. — Solche Systeme sind vom Dienst am Geld geprägt. Sie dienen der Umverteilung der Güter und des Geldes vom gewöhnlichen Volk zu einer ganz kleinen Elite — und unzählige Menschen kommen dadurch zu Schaden.

Liebe deinen Nächsten wie dich selbst. Wir haben gesehen, dass es auf der persönlichen Ebene zu einem gesunden Ausgleich zwischen Selbstsorge und Sorge um andere kommen soll. Übersetzt auf das Wirtschaftssystem heisst das nun: Es gilt, einerseits die notwendigen wirtschaftlichen Überlegungen anzustellen, gleichzeitig aber auch soziale Überlegungen ins System miteinzubeziehen. Dies ist leider gar nicht einfach, weil in unserer heutigen Realität die Firmen zu Imperien heranwachsen, welche oft als wichtigstes Ziel ihre Gewinne maximieren. Andere Unternehmen sehen das und wollen oder müssen mitziehen. — Wenn wir eine menschengerechte Wirtschaft wollen, muss es aber zu einem Austausch zwischen Gewinnüberlegungen und sozialen Überlegungen kommen. Wirtschaft gibt es ja nur, weil es den Menschen gibt. — Gott dienen in der Wirtschaft könnte dann heissen: Wie gestalten wir die Wirtschaft, welche Rahmenbedingungen stecken wir ihr, damit sie möglichst vielen Menschen dient? Unsere Wirtschaft hatte ja einmal den Zweck, allen Menschen ihre materiellen Lebensgrundlagen bereitzustellen — und nicht möglichst viel Gewinn zu machen, auf Kosten von Kinderarbeitern und unterbezahlten Menschen, die in der Dritten Welt für uns schuften. Eine christliche Ethik sagt uns: Die Wirtschaft ist für den Menschen da und soll dem Menschen dienen — und nicht umgekehrt.

Die Wirtschaft soll uns Menschen dienen, damit wir in einer menschlichen Gesellschaft leben können. Damit möglichst viele ihr Leben wirklich entfalten können. Arthur Rich leitet aus dem Glauben ab, was menschlich ist: Menschlichkeit kommt aus dem Glauben an das Kommen des Reiches Gottes. Die Vision vom kommenden Gottesreich soll schon jetzt das Denken und Handeln der Menschen bestimmen. Es geht um das Vertrauen, dass Gott mit seinem guten Plan für diese Welt zum Ziel kommen wird. Das Weltgeschehen ist — trotz all seiner Absurditäten — nicht ohne Heil und es ist nicht ohne Sinn, wenn wir es auf Gott beziehen. Wer sein Herz Gott zuwendet, dem wird die Hoffnung auf sein Reich, auf eine gerechtere und liebevollere Welt zum Zentrum und tragenden Grund des Lebens. Wer sein Bewusstsein auf Gott ausrichtet und sich mit seiner Gerechtigkeit befasst, dem ist es nicht mehr möglich, ein Wirtschaftssystem gutzuheissen, das Regeln definiert, die nur dazu dienen, unzählige Menschen auszubeuten. Wer selber erfahren hat, dass er Gott vertrauen kann, dass er oder sie getragen ist, auch wenn es im Leben gerade dunkel aussieht, der lebt fortan aus einer grossen Hoffnung heraus. Wer weiss, dass er auch in Krankheit und Tod nicht aufgegeben ist, der kann sein Leben ganz anders beurteilen und gewinnt aus der Verbindung mit Gott eine grosse, tragende Kraft. Nur in der Liebe wird erfahrbar, dass wir inmitten der harten Realitäten unseres Lebens nicht aufgegeben, sondern getragen sind. — So bekommt die Aufforderung Gott zu lieben und unseren Nächsten wie uns selbst eine existenzielle Bedeutung.

Ich denke, dass jede und jeder von Ihnen eine Vorstellung davon hat, was ihr oder sein Leben lebenswert macht. Nur sind diese Vorstellungen manchmal ungenau. Oder man hat Werte im Kopf, aber man weiss nicht recht, wie man diese Werte im Leben auch umsetzen kann. Ich möchte Sie dazu ermutigen, sich immer wieder einmal Zeit zu nehmen und zu überlegen: Was zählt für mich im Leben wirklich? Worauf möchte ich keinesfalls verzichten? Und dann zu sehen: Kann ich diesen Beziehungen oder Dingen auch genug Zeit einräumen? Unsere Werte und Überzeugungen beginnen uns erst wirklich zu freuen, wenn wir ihnen ganz konkret Ausdruck verleihen! Sonst ist es, wie wenn jemand einen Check über 1'000'000 Franken erhält und ihn bei sich daheim in die Schublade legt. Der Check wäre zwar da — aber er hat für ihn keinen Wert. Er verändert sein Leben nicht. So ist es auch mit den Begabungen und Möglichkeiten, die Gott uns geschenkt hat. — Erst wenn wir sie konkret umsetzen, wenn wir das tun, was uns wichtig ist, haben wir etwas von diesem Check. — Über Werte nachzudenken und eine lebensdienliche Ordnung im eigenen Leben und in der Welt zu fördern, dazu lade ich uns alle ein.

Wem folgen?

Der gute Hirt

1 Amen, amen, ich sage euch: Wer nicht durch die Tür
in den Pferch der Schafe hineingeht, sondern
anderswo hineinsteigt, der ist ein Dieb und ein Räuber.
2 Wer aber durch die Tür hineingeht, ist der Hirt der
Schafe. 3 Ihm öffnet der Türhüter, und die Schafe
hören auf seine Stimme, und er ruft die eigenen Schafe

mit Namen und führt sie hinaus. 4 Wenn er die eigenen
Schafe alle hinausgetrieben hat, geht er vor ihnen her,
und die Schafe folgen ihm, weil sie seine Stimme
kennen. 5 Einem Fremden aber werden sie nicht
folgen, sondern sie werden ihm davonlaufen, weil sie
die Stimme der Fremden nicht kennen. 6 Dieses
Bildwort sprach Jesus zu ihnen. Sie aber verstanden
den Sinn seiner Rede nicht. 7 Da sprach Jesus noch
einmal: Amen, amen, ich sage euch: Ich bin die Tür zu
den Schafen. 8 Alle, die vor mir gekommen sind, sind
Diebe und Räuber. Aber die Schafe haben nicht auf sie
gehört. 9 Ich bin die Tür. Wenn jemand durch mich
hineingeht, wird er gerettet werden und wird ein- und
ausgehen und eine Weide finden. 10 Der Dieb kommt
nur, um zu stehlen, zu schlachten und zu vernichten.
Ich bin gekommen, damit sie das Leben in Fülle haben.
11 Ich bin der gute Hirt. Der gute Hirt setzt sein Leben
ein für die Schafe. 12 Der Lohnarbeiter, der nicht Hirt
ist, dem die Schafe nicht gehören, der sieht den Wolf
kommen und lässt die Schafe im Stich und flieht, und
der Wolf reisst und versprengt sie. 13 Er ist eben ein
Lohnarbeiter, und ihm liegt nichts an den Schafen.
14 Ich bin der gute Hirt und kenne die Meinen, und die
Meinen kennen mich, 15 wie der Vater mich kennt und
ich den Vater kenne. Und ich setze mein Leben ein für
die Schafe. 16 Und ich habe andere Schafe, die nicht
aus diesem Pferch sind; auch die muss ich leiten, und
sie werden auf meine Stimme hören. Und sie werden
eine Herde werden mit **einem** Hirten. 17 Darum liebt
mich der Vater, weil ich mein Leben einsetze, um es
wieder zu empfangen. 18 Niemand nimmt es mir,
sondern ich setze es von mir aus ein. Ich habe
Vollmacht, es einzusetzen, und ich habe Vollmacht, es

wieder zu empfangen. Diesen Auftrag habe ich von meinem Vater empfangen. Joh. 10.1-18

Haben die Menschen wirklich nicht auf die Diebe und Räuber gehört? — Mir scheint, dass die Verwirrung auf dieser Welt gross ist. So gross, dass der einzelne oft gar nicht merkt, wenn er mit leeren Versprechungen geködert wird. Weil wir Menschen so viele Wünsche und Bedürfnisse haben, sind wir natürlich sehr anfällig für falsche Versprechungen. Heutzutage dürfen Frauen nicht mehr älter werden. Denken Sie an die unzähligen Anti-Aging Crèmes und Spritzen. Halten die Behandlungen wirklich, was sie versprechen? Oder wird den Klientinnen einfach Zeit und Geld genommen? Denken Sie an die unzähligen Kurse, die zu einem besseren Leben führen sollen. Sicher gibt es ganz viele Angebote, die wirklich weiterführen. Aber was ist mit all den andern, welche die Menschen leer zurücklassen? Welche Götter kennen sie sonst, die Menschen auf einen scheinbar lohnenswerten Weg führen, ihnen aber nicht weiterhelfen und sie leer zurücklassen?

Es braucht schon eine grosse Wachheit, um immer gleich zu merken, welches Angebot einem wirklich gut tut und Leben schenkt. Und wo man sich nur verrennt, Leben und Zeit verliert und letztlich leer zurückgelassen wird. Es braucht Übung und eine innere Vertrautheit mit Jesus, damit man weiss, was seinem Geist und seinem Willen entspricht. — Und ich denke, dass man auch oft erst im Nachhinein sagen kann, ob sich eine Begegnung oder eine Unternehmung gelohnt hat. Ob daraus etwas Aufbauendes entstanden ist, oder ob man in eine Falle tappte.

Doch zurück zum Bild: Jesus sagt von sich, dass er durch die Tür in den Schafstall hineingehe. — Die Tür bezeichnet meines Erachtens den freien Willen des Menschen. Es gehört wesentlich zu Gott, dass er den Willen seines Gegenübers respektiert. Jesus steht darum vor der Tür und klopft an. Nur wenn der Mensch es will, beginnt Jesus in seinem Leben zu wirken. Nur, wenn der Mensch es will, wird er von Gott beeinflusst und geleitet werden. — Die dunklen Kräfte jedoch fragen nicht. Sie versuchen, Menschen mit allen möglichen Tricks zu beeinflussen. Sie machen

Hochglanzversprechungen. Ködern mit grossartigen Phantasien und Bildern. Und dann merkt der Mensch, dass ihn gar nicht das versprochene Paradies erwartet. Genauso geht es den Menschen aus armen afrikanischen Ländern, die nach Europa gelangen wollen. In ihrer Phantasie lebt der Traum von einer guten Arbeit, von einer schönen Wohnung, modernen Kleidern und ein wenig Luxus. Und dann treiben viele auf überladenen Booten tagelang auf dem Meer. Einige erreichen nicht einmal das Land. Andere kommen in ein Auffanglager. Viele werden wieder in ihr Heimatland zurückgebracht. — Solch leere Versprechungen macht der Geist dieser Welt den Menschen. Manche merken, dass sie betrogen worden sind und das ersehnte Glück, den ersehnten Gewinn gar nie bekommen. Andere leben jahrelang in einer Täuschung. Sie meinen, dass sie alles Wichtige besitzen, und doch fehlt ihnen das wahre Leben, die Verbindung zu Gott. Es gibt viele Kräfte in dieser Welt, die sich als Götter oder Heilsbringer ausgeben. Sie machen grosse Versprechungen, die sie aber nicht einhalten. In Wahrheit nutzen sie die Menschen aus und brauchen sie für ihre eigenen Zwecke.

In unserer Bildrede spricht Jesus von Menschen, die ihm sehr nahe stehen. Ihr Ohr ist geschult. Sie merken genau, ob sie noch auf dem Weg gehen, den Gott für sie bereitet hat, oder ob jemand sie auf einen Weg locken will, der ihnen letztlich schadet. Mir scheint, Jesus spricht hier von einer ausgewählten Minderheit. Unzähligen Menschen fällt es nicht leicht, die Stimme von Gott aus all den Möglichkeiten und Versprechungen, die jeden Tag an uns herankommen, herauszuhören. Und ganz viele Menschen stellen sich gar nicht die Frage, wer sie denn jetzt eigentlich führt und wem oder was sie nachlaufen. — Ich lade Sie dazu ein, von Zeit zu Zeit innezuhalten und darauf zu achten: Wer oder was bestimmt im Moment mein Tun und Lassen? Führt mich das, was ich tue und denke zu einer guten Lebensqualität? Nährt es meine Seele und begegne ich Gott auf diesem Weg?

In der Bildrede geht es aber nicht einfach um eine gute Lebensqualität. Nein, es geht um viel mehr. Es geht um die Rettung des Menschen. Der Mensch, der Gott vertraut, wird eine Weide finden. Das heisst, er wird das bekommen, was er für ein erfülltes Leben wirklich braucht. Gott gibt ihm, was er zur Genesung an Seele, Geist und Leib nötig hat. Leben in Fülle verheisst Jesus denen, die ihm vertrauen, und dass sie gerettet werden. Gerettet aus der Todeszone, gerettet aus der Gottferne und dem oft sinnlosen Getriebe einer oberflächlichen Welt. Das Ziel von Jesus ist es, die Menschen ins Freie zu führen: Aus dieser Welt und ihren unerbittlichen Gesetzmässigkeiten hinaus ins Ewige Leben. Aus all den Verstrickungen und aus der Unwissenheit zur Barmherzigkeit und zur Erkenntnis aus Gott.

Das Bild des Hirten wurde in der Antike auch von grossen Dichtern und Philosophen verwendet. Homer hat die Könige mit Hirten verglichen und Platon bezeichnete die Staatsmänner als Hirten. In der biblisch-frühjüdischen Tradition finden wir das Bild des Hirten für Gott auch an anderen Stellen:

Wie ein Hirt führt er seine Herde zur Weide. Jes. 40.11
Denn er ist unser Gott, wir sind das Volk seiner Weide
und Schafe seiner Hand. Wenn ihr doch heute auf
seine Stimme hören würdet. Ps 95.7

Ich habe dich (Israel-Jakob) bei deinem Namen
gerufen. Du bist mein. Jes. 43.1

Jesus macht deutlich, dass ihm unendlich viel an den Menschen liegt. Ihr Leben ist ihm wichtiger als das eigene Leben. So etwas kommt unter Normalsterblichen ganz selten vor: Dass einer bereit ist, sein eigenes Leben zu lassen, damit der Freund oder die Freundin leben kann. — Jesus hat das nicht nur gesagt, sondern wirklich sein eigenes Leben aufs Spiel gesetzt und es in dieser Welt frühzeitig verloren. — Jemand, der einfach seinen Job macht, weil er Geld zum Leben braucht, der wird sich nicht bis aufs Äusserte für seine KlientInnen einsetzen. Er leistet zwar gute Dienste und ist für die Menschen da, aber eben nur bis zu einem gewissen Punkt. Ich denke, das ist auch in Ordnung so. — Aber Jesus geht darüber hinaus. Es ist eine radikale Liebe und Hingabe, die er mit seinem Leben verwirklicht hat.

Aber für wen steht der Wolf in der Bildrede? Der Wolf wird als Bild für irgendwelche Irrlehrer gebraucht. Davon gab es in der Antike schon viele, und wer sich für Spiritualität im Allgemeinen interessiert begegnet ihnen auch heute. In *Mt. 7.15f.* wird vor falschen Propheten gewarnt: *Hütet euch vor den falschen Propheten, die in Schafspelzen zu euch kommen — darunter aber sind reissende Wölfe! An ihren Früchten werdet ihr sie erkennen. Lassen sich etwa Trauben ernten von Dornen oder Feigen von Disteln?*

Auch Paulus warnt vor Irrlehrern: *Ich weiss, nach meinem Weggang werden reissende Wölfe bei euch eindringen und die Herde nicht schonen. Und selbst aus eurer Mitte werden Männer auftreten, die mit ihren falschen Reden die Jünger auf ihre Seite ziehen. Apg. 20.29 f.* Diese Sätze sagt Paulus zu den Ältesten von Ephesus. Mit dem Wolf kann natürlich auch der Satan selbst gemeint sein.

Jesus handelt im Auftrag Gottes. Er tut dies aber freiwillig, aus Liebe zu den Menschen. Entscheidend ist das gegenseitige Vertrautsein. Weil Jesus eine persönliche Beziehung zu Menschen aufnimmt, sie liebend erkennt, können sie ihm antworten und ihn kennenlernen. Das Vorbild für dieses Kennen ist die vertraute Beziehung zwischen Jesus und seinem Vater.

Aber nochmals zurück zu uns. Wie kann man die Stimme von Jesus von andern Stimmen unterscheiden? Zum Beispiel von den eigenen Wünschen und Sehnsüchten? — Oder auch von eigenen Ängsten? Man kann sich fragen: Hat Gott schon ähnlich mit mir gehandelt? Mit der Zeit lassen sich in den Gotteserfahrungen auch bestimmte Muster erkennen. Dann merkt man, was dem Gott, der einen schon durch vieles hindurch geführt hat, entspricht und was nicht. Oft ist es so, dass Gott einen Wege führt, die zunächst anstrengender sind. Die einen gewissen Preis, einen Verzicht verlangen. Er blendet nie und macht auch keine Versprechungen. Oft sieht man den Sinn und den Reichtum, der einem geschenkt wird erst, wenn man eine Aufgabe erfüllt hat, wenn man einen Weg gegangen ist. Wer der Stimme von Jesus folgt, der muss sich oft überwinden. Muss gegen innere Widerstände handeln, muss auf etwas verzichten. Der Weg zu einem innerlich erfüllten Leben ist oft nicht der attraktivste Weg. Und doch formt dieser Weg den Menschen, führt ihn zu innerer Reife und lässt ihn auf ein erfülltes Leben zurückblicken.

Türen

Gott spricht:

> *Siehe, ich stehe vor der Tür und klopfe an. Wer immer auf meine Stimme hört und die Tür öffnet, bei dem werde ich einkehren und das Mahl halten, ich mit ihm und er mit mir. Offb. 3.20*

Türen sind Verbindungen von draussen nach drinnen und von drinnen nach draussen. Sie grenzen einen inneren Raum gegen die Weite der Welt, gegen die Endlosigkeit der Strassen und Wege ab. Manchmal ist es überraschend, was sich hinter diesen Türen alles verbirgt. Wer schon in Marokko oder in einem andern Land war, in dem Wasser ein knappes Gut ist, hat wahrscheinlich manchmal gestaunt, wenn er von einer engen, staubigen Gasse durch eine Haustür getreten ist. Kaum ist man durch die Tür gegangen und hat die lärmige Strasse oder staubige Gasse verlassen, betritt man einen wunderbaren grünen Garten. Ein Brunnen plätschert versonnen vor sich hin. Überall stehen Kübel mit Palmen, Farnen und anderen Grünpflanzen. Diese Oase der Ruhe ist ein grosser Kontrast zur Hektik und Anonymität auf der Strasse. — Türen führen aus der Anonymität in einen persönlichen, gestalteten Raum. Dieser Raum kann ärmlich sein oder mit teuren Designermöbeln bestückt. Er kann gemütlich wirken, dazu einladen sich auszuruhen, er kann aber auch Kälte ausstrahlen, sodass man sich nicht wohl fühlt. Die Einrichtung ist das Eine. In der Atmosphäre schwingt aber auch der Gemütszustand und das

Schicksal der BewohnerInnen mit. Es gibt Räume, in denen spürt man eine Ordnung, eine Kraft und Zuversicht. Und es gibt Stuben, in denen hängt die Luft schwer und düster im Raum. Man begegnet einer bedrückten und hoffnungslosen Atmosphäre. Der Raum wird von der Befindlichkeit seiner BewohnerInnen mitgeprägt.

Die Tür ist eine Verbindung zu einem inneren Raum. Darum dient sie in der Bibel als Bild für den Zugang zum unsichtbaren Innenleben eines Menschen. Sie haben sicher alle Bekannte, mit denen sie zwar immer wieder ein paar Worte wechseln, aber das Innere dieser Menschen bleibt Ihnen verborgen. Sie haben keine Ahnung, was diese Bekannten wirklich beschäftigt. Was ihre Sorgen sind, worauf sie hoffen und woran sie glauben. — Die Tür bleibt verschlossen. Es ist immer ein Geschenk, wenn man wirklich Zugang zu einem Menschen findet. Wenn einem jemand die Tür öffnet und ein paar Gegenstände in seinen Räumen zeigt. Natürlich muss und kann man nicht von allen Menschen erfahren, was sie zuinnerst bewegt, wie es in ihrer Seele aussieht. Aber ein paar ausgewählte Menschen geben einem vielleicht doch Anteil an dem, was sich hinter ihrer Tür abspielt.

Gott selber sucht immer neu diesen Zugang zu uns Menschen. Er möchte mit uns teilen, was sich hinter unserer Tür abspielt. Gott möchte Anteil nehmen an unseren Erlebnissen und an der Art, wie wir sie verarbeiten. Und er möchte uns begleiten in unseren Gedanken und Gefühlen. In unseren innersten Ängsten und Wünschen. In unserer Trauer und Hoffnungslosigkeit, aber auch in unserem Mut und unserer Hoffnung. Gott sucht den Weg zu unserem Inneren immer neu, und er sagt uns, dass er dabei durch die Tür hineingeht. So spricht Jesus zu seinen Freunden:

> *Ich sage euch: Wer nicht durch die Tür in den Pferch der Schafe hineingeht, sondern anderswo hineinsteigt, der ist ein Dieb und ein Räuber. Wer aber durch die Tür hineingeht, ist der Hirt der Schafe. Ihm öffnet der Türhüter, und die Schafe hören auf seine Stimme, und*

er ruft die eigenen Schafe mit Namen und führt sie hinaus. Joh. 10.1-3

Gott tritt also nicht in den Raum unserer Seele und unserer Gedanken, ohne dass wir ihm zuvor die Tür aufgetan hätten. Der Wille eines Menschen ist Gott heilig. Er respektiert den Willen jedes Einzelnen. Und darum liegt es an uns, ihm die Tür zu öffnen, ihm die Erlaubnis zu geben, in unser Leben hineinzuwirken. Es liegt auch ganz an uns, ob wir auf ihn hören wollen — oder ob wir lieber ohne ihn leben wollen. — Die widergöttlichen Kräfte, dämonische Kräfte und gewisse Menschen, fragen nicht. Sie manipulieren andere, erpressen sie, zwingen sie zu etwas. Sie bleiben nicht vor der Tür stehen, sondern erzwingen sich den Zutritt in ein Menschenleben. — Ich muss das hier nicht aufzählen. Ich denke, Sie alle kennen erzwungene Einmischungen in Menschenleben aus Spielfilmen, Krimis oder aus Ihrem Bekanntenkreis. Durch solche Übergriffe und zerstörerische Einmischungen können tiefgreifende Traumata entstehen, die nicht so einfach zu überwinden sind. Sie betreffen die geistige, die psychische und die körperliche Ebene der Opfer. — Zum Glück ist Gott anders. Er bleibt vor der Tür stehen und klopft an. Im Brief an die Gemeinde in Laodizea lesen wir:

Gott spricht:

Siehe, ich stehe vor der Tür und klopfe an. Wer immer auf meine Stimme hört und die Tür öffnet, bei dem werde ich einkehren und das Mahl halten, ich mit ihm und er mit mir. Offb. 3.20

Wenn ein Mensch Gott erlaubt, Einfluss auf sein Leben zu nehmen, dann entsteht eine Gemeinschaft zwischen Gott und Mensch. Diese Verbindung wird mit dem Bild eines gemeinsamen Mahls ausgedrückt. Im Abendmahl verbindet sich Gott in Freundschaft mit dem Menschen. Zusammen an einem Tisch sitzen. Bei einem Essen werden persönliche

Erlebnisse erzählt. Man erfährt, was den andern gerade beschäftigt. Man bekommt Zugang zu seinem Erleben, Fühlen und Denken. Diese Gemeinschaft geht Gott mit den Menschen ein, die ihn dazu einladen. — Die Gemeinschaft mit Gott kann auch anspruchsvoll sein. Denn in seinem warmen Licht wird auch sichtbar, was in meiner Stube noch alles in Unordnung ist. Wo ich eine geistige Fehlhaltung entwickelt habe. Wo Lieblosigkeit mein Leben prägt. Die Präsenz von Gott ist das grösste Geschenk, das ein Mensch in diesem Leben erfahren kann. Und es ist die grösste Chance, um Verhältnisse im eigenen Leben in Ordnung zu bringen, die geändert werden sollen, damit die eigene Stube zu einem Raum der Hoffnung und der Liebe wird. Da geht es nicht um ein paar Kilos zu viel auf den Hüften. Da geht es nicht um ein paar Altersfalten. Es geht auch nicht darum, welche Automarke sich jemand leisten kann oder ob es jemandem möglich ist, besonders intelligente Konversationen zu führen. All diese Dinge beschäftigen viele Menschen ein Leben lang. Es wird uns von der Werbung ja auch ständig eingeredet, dass solche Dinge das Wichtigste im Leben sind. — Gott setzt die Prioritäten aber ganz anders. Wer mit diesem Gast zu Tisch sitzt, der merkt, was in seinem persönlichen Leben unaufgeräumt ist, und wofür er seine Kräfte sinnvollerweise einsetzen soll. Durch diesen Gast ändern sich die Prioritäten. Das eigene Lebenshaus erscheint in einem anderen Licht.

Jesus hat in seinem Leben ja an ganz viele Türen geklopft. Als Wanderprediger gehörte es zu seinem Alltag, an die Türen der Häuser und Hütten zu klopfen und um Almosen zu bitten. Manchmal hat er sich auch bei Menschen selber eingeladen. Die wunderbare Geschichte vom Oberzöllner Zachäus berichtet von einer solchen Begegnung. — Zachäus hatte Interesse an Jesus. Er wollte wissen, wer der Mann ist, der Menschen geheilt hatte und sich mit der religiösen Elite gestritten hatte. Weil er sehr klein war, stieg er auf einen Maulbeerfeigenbaum, um Jesus trotz der Volksmenge sehen zu können, wenn er in seinem Dorf vorüberzog. — Und dann hat Jesus ihn auf diesem Maulbeerfeigenbaum entdeckt und ihm zugerufen: *Zachäus, los, komm herunter, denn heute muss ich in deinem Haus einkehren. Und der kam eilends herunter und nahm ihn voller Freude auf. Lk. 19.5f.*

Anscheinend war Zachäus innerlich schon lange zu dieser Begegnung mit Jesus bereit. Ohne Vorbehalte und ganz spontan nimmt der den Fremden in seinem Haus auf. Und im Licht von Jesus wird dem aufgeweckten Oberzöllner auch rasch klar, was in seiner Stube nicht in Ordnung ist. — Vielleicht hat er es ja auch schon lange gewusst, aber er hatte den entscheidenden Impuls nicht, etwas zu ändern. Die Begegnung mit Jesus hat ihn jedenfalls zu einer radikalen Handlung veranlasst:

> *Zachäus aber trat vor den Herrn und sagte: Hier, die Hälfte meines Vermögens gebe ich den Armen, Herr, und wenn ich von jemandem etwas erpresst habe, will ich es vierfach zurückgeben. Lk. 19.8*

Der Sinn für Gerechtigkeit ist in Zachäus erwacht. Er kümmert sich ab sofort um Menschen, die vom Leben benachteiligt worden sind. Bis jetzt hatte er seine Machtstellung dazu benutzt, um seinen Mitmenschen möglichst viel Geld abzunehmen. Jetzt sieht er ein, dass das nicht richtig war. Er entschädigt all die Menschen im Dorf, denen er zu viel Geld abgenommen hat. — Wer Gott die Tür öffnet und ihn in seine Stube lässt, der kann Veränderungen erleben. Dieser Gast bringt durch seine schöpferische Kraft eine neue Energie, einen neuen Geist ins Wohnzimmer. Die Geschichte von Zachäus zeigt, was zahlreiche Menschen auf dieser Welt auch erleben durften: Wer Gott die Tür öffnet, der erlebt Gemeinschaft mit seinem Schöpfer. Der macht Bekanntschaft mit dem guten, menschenfreundlichen Geist Gottes. — Und eigentlich tritt dann nicht Gott bei uns ein, nicht er kommt in unsere kleine Stube — sondern der Mensch geht durch eine offene Türe bei Gott. Er betritt die Stube Gottes, in welcher Barmherzigkeit waltet und ein liebender Gott ihn empfängt. Grosses kann aus dieser entscheidenden Begegnung entstehen. Bei Lukas heisst es:

Da sagte Jesus zu ihm: Heute ist diesem Haus Heil widerfahren, denn auch er ist ein Sohn Abrahams. Denn der Menschensohn ist gekommen zu suchen und zu retten, was verloren ist. Lk. 19.9 f.

Berechtigtes Vertrauen

Vom Bitten und vom Empfangen
7 Bittet, so wird euch gegeben; sucht, so werdet ihr finden; klopft an, so wird euch aufgetan. 8 Denn wer bittet, empfängt; wer sucht, der findet; wer anklopft, dem wird aufgetan. 9 Wer unter euch gäbe seinem Sohn, wenn er ihn um Brot bittet, einen Stein, 10 und wenn er ihn um einen Fisch bittet, eine Schlange? 11 Wenn also ihr, die ihr böse seid, euren Kindern gute Gaben zu geben wisst, wie viel mehr wird euer Vater im Himmel denen, die ihn bitten, Gutes geben. Mt. 7.7-11

Sucht, so werdet ihr finden. Warum ist Gott so verborgen, dass wir ihn suchen müssen? Warum zeigt er sich nicht einfach so? Spielt er ein Spiel mit uns? Verhält sich Gott so, wie manche Menschen. Nehmen wir an, ein junger Mann interessiert sich für eine Frau. Er ruft sie an und bittet um ein Treffen. — Sie sagt zu, aber am Vorabend schreibt sie ihm eine SMS, dass sie leider doch nicht kommen könne. — Es gibt Menschen, die sich extra rar machen. Sie geniessen es, wenn der andere sich dann nach ihnen sehnt und sie doch nicht erreichen kann. Manchen gelingt es, mit gezielten Absagen, mit sich in Schweigen hüllen, ihren Wert zu steigern. Verbirgt sich Gott deshalb? Fordert er uns deshalb dazu auf, ihn zu suchen?

So, wie ich Gott kenne, ist das nicht der Grund. Der Grund liegt vielmehr darin, dass Gott viel umfassender ist als wir. Dass er von einer solchen Lebendigkeit ist, dass wir Menschen mit unseren begrenzten Kräften seine Nähe gar nicht voll ertragen könnten. Auf jeden Fall zum heutigen Zeitpunkt. — Bei der Gottesoffenbarung am Berg Sinai, als Mose die Zehn Gebote von Gott empfängt, sagt Gott mehrmals, dass die Menschen und Tiere nicht in seine Nähe treten dürfen. Nicht einmal die Priester dürfen sich ihm nahen.

> *11 Da sprach der HERR zu Mose: Geh zum Volk und*
> *sorge dafür, dass sie sich heilig halten heute und*
> *morgen: Sie sollen ihre Kleider waschen 11 und bereit*
> *sein für den dritten Tag, denn am dritten Tag wird der*
> *HERR vor den Augen des ganzen Volks auf den Berg*
> *Sinai herabkommen. 12 Zieh aber eine Grenze rings*
> *um das Volk, und sprich: Hütet euch, auf den Berg*
> *hinaufzusteigen oder auch nur seinen Saum zu*
> *berühren. Jeder, der den Berg berührt, muss getötet*
> *werden. 2. Mose 19.10-12*

> *20 Und der HERR stieg herab auf den Berg Sinai, auf*
> *den Gipfel des Berges. Und der HERR rief Mose auf*
> *den Gipfel des Berges, und Mose stieg hinauf. 21 Da*
> *sprach der HERR zu Mose: Steig hinab, warne das*
> *Volk, dass sie nicht vordringen zum HERRN, um ihn zu*
> *sehen; dann würden viele von ihnen umkommen.*
> *22 Und auch die Priester, die sich dem HERRN nähern*
> *dürfen, sollen sich heiligen, damit der HERR keine*
> *Lücke reisst in ihre Reihen. 23 Mose aber sprach zum*
> *HERRN: Das Volk kann nicht auf den Berg Sinai*
> *hinaufsteigen, denn du selbst hast uns gewarnt und*
> *gesagt: Zieh eine Grenze um den Berg und erkläre ihn*
> *für heilig. 24 Da sprach der HERR zu ihm: Geh, steig*
> *hinab und komm wieder herauf, du und Aaron mit dir.*
> *Die Priester aber und das Volk sollen nicht*

vordringen, um hinaufzusteigen zum HERRN, damit er keine Lücke reisst in ihre Reihen. 25 Und Mose stieg hinab zum Volk und sprach zu ihnen. 2. Mose 19.20-25

Gott ist der Ursprung von allen Dingen. Und er lebt in ganz anderen Dimensionen als wir Menschen. Er lebt in der Ewigkeit — und in grösseren, umfassenderen Räumen. Weil er ganz anders ist als wir, können wir ihn nicht einfach so erkennen. Aus irgendeinem Grund leben wir Menschen hier in der sichtbaren, stofflichen Welt. Wir sind in Raum und Zeit, in eine überschaubare Welt, eingebunden. Mit unseren fünf Sinnen können wir Gott nicht wahrnehmen. Er lässt sich nicht einfach sehen oder hören. Gott lebt in andern Dimensionen. Und darum können wir ihn nur im Geist, mit unseren inneren Sinnen erkennen. —

Das klingt vielleicht etwas vage, darum erkläre ich es mit dem Bild eines Radios. Über die Luft werden ganz viele Schwingungen gesendet. Hier im Raum überlagern sich unzählige Frequenzen. Dazu kommen noch all die Handygespräche, die gerade geführt werden und unzählige Fernsehprogramme. Aber bleiben wir beim Radio. Wenn Sie Ihr Radio auf UKW einstellen und eine gültige Frequenz wählen, dann empfangen Sie einen Sender. Sie finden dann DRS 1, DRS 2 und DRS 3. Sie hören Radio Energy und Radio Argovia. Sie bekommen einige Sender aus Deutschland, Italien und Frankreich. Die Musik und die Worte sind bereits im Äther. Aber nur wenn Sie Ihr Radio entsprechend einstellen, können Sie die Worte und die Musik selber hören. —

So ist es auch mit Gott. Gott ist immer schon da. Aber wir können ihn ausblenden, ihm den Rücken zudrehen. Dann merken wir nicht, dass er uns mit seiner Kraft umgibt. — Ich habe gesagt, dass Gott in andern Dimensionen lebt, die wir uns nicht einmal vorstellen können. Das stimmt. Aber Gott lebt und wirkt auch in unserer Welt. Jesus hat als Mensch unter unseren Bedingungen gelebt und uns viel von Gott erzählt. Er hat uns Gott nahe gebracht, mit dem, was er gesagt und getan hat. Man kann die Bibel lesen oder Bücher, die sich mit Gott befassen. Dadurch wird man sensibilisiert für den unsichtbaren Gott. Man stellt sozusagen seine

Frequenz ein. Ebenso wichtig ist es aber, eigene Erfahrungen mit Gott zu machen.

Jesus fordert seine Freunde deshalb dazu auf, aktiv zu werden. Sucht, bittet, klopft an! Wer bei Gott anklopft, indem er mit ihm spricht, ihm seine Sorgen erzählt oder ihn um etwas bittet, der kann erleben: Gott ist da. Er ist eine Wirklichkeit, die mir ganz nahe ist. Die fünfzehnjährige Sarah schreibt dazu: Herr, ich seh dich nicht, ich hör dich nicht, aber ich spüre dich.

Wer zu Gott spricht, entdeckt, dass dieser bereit ist, ihm zuzuhören. Und wenn er sein Anliegen vor ihm ausgesprochen hat, dann spürt er vielleicht auch, dass sich in seinem Innern etwas verändert hat. — Ein Problem scheint nicht mehr ganz so düster. Er oder sie bekommt die Kraft, das Problem anzugehen. Vielleicht erlebt sie auch ganz einfach, dass Gott sie willkommen heisst. Dass sie von einer liebenden Kraft umgeben ist, die sie begleitet. Da kann im Innern das Gefühl einer tiefen Geborgenheit entstehen. Manchmal spürt man auch einfach eine innere Ruhe, einen inneren Frieden. — Wer aktiv wird, wer bei Gott anklopft, der findet ihn. Und entdeckt, dass er schon immer da gewesen ist — aber eben: in der verborgenen, ewigen Dimension.

Dass Gott sich vor uns verbirgt, hat auch mit unserer Freiheit zu tun. Als gute und liebende Kraft lässt er uns selber den Weg in unserem Leben finden. Der Wille eines Menschen ist Gott heilig. Er will niemanden dazu zwingen, auf ihn zu hören oder nach seinen Geboten zu leben. Darum gibt er uns einen weiten Raum, in dem wir uns eigenverantwortlich bewegen können. Zu Gott finden können wir nur aus freiem Willen. Gott lieben und in seinem Sinn und Geist leben, das geht nur freiwillig. Darum mischt sich Gott nicht einfach so ein. Darum überwältigt er uns nicht einfach durch irgendeine Erscheinung aus seiner unsichtbaren Welt. — Die negativen Kräfte fragen nicht. Sie greifen manchmal einfach ein. Sie beeinflussen Menschen im Dunkeln. — Aber Gott tut nichts gegen den Willen eines Menschen. Der Wille des Menschen, seine Freiheit, sind ihm heilig.

Bittet, so wird euch gegeben. — Nützt es etwas, Gott um etwas zu bitten? Dazu ein paar Überlegungen. Überlegen Sie einmal kurz, wen sie um etwas bitten würden. Wen würden Sie ohne zu zögern um etwas bitten?

Bei wem würde Ihnen das schwerer fallen? Und wen würden Sie nicht bitten? — Ich stelle mir vor, dass Sie die Menschen, mit denen Sie vertraut sind, und denen Sie vertrauen ohne zu zögern um etwas bitten würden. Jemand, den man nicht so gut kennt, wird man wohl nur im Notfall um Hilfe anfragen. An Menschen, mit denen man schlechte Erfahrungen gemacht hat, wird man sich nicht wenden. Eine Grundvoraussetzung dafür, dass Menschen Gott um etwas bitten ist also, dass sie ihm vertrauen können. Dieses Vertrauen in Gott wächst, wenn man gute Erfahrungen mit ihm gemacht hat. Und auch durch die Erzählungen von andern Menschen, die seine Hilfe erlebt haben. Darum kann es ganz gut sein, ihn einfach immer wieder um etwas zu bitten. Wer dann erlebt, dass Gott ihm antwortet, der gewinnt Vertrauen in ihn. Der weiss: Ich bin in diesem Leben nicht nur auf mich gestellt. Sondern ich bin umgeben vom liebenden Gott, der mich hört, und der mein Leben begleitet.

Was aber geschieht, wenn Gott eine Bitte nicht erhört? — Jemand hat für einen kranken Onkel gebetet — und es hat nichts genützt. Ein Lehrling hat gebetet, dass er die Abschlussprüfung besteht — und ist doch durchgefallen. Solche Erlebnisse können das Vertrauen in Gott natürlich erschüttern. Ich denke, dass Gott eben auch die Gesetzmässigkeiten, die unser Leben prägen, respektiert. Wenn jemand die Voraussetzungen für eine geforderte Leistung nicht hat, dann kann auch ein Stossgebet nicht helfen. Oder wenn jemand allzu krank ist, dann gelten unsere Naturgesetze des Älterwerdens und Sterbens. Ich denke, es gibt Wünsche, die auch Gott nicht einfach so erfüllen kann. — Mir scheint beim Beten eigentlich wichtiger, dass wir eine Beziehung zu Gott aufnehmen. Dass wir die Verbindung zu ihm pflegen. Vielleicht lässt sich an einer schwierigen Situation im Moment wirklich nichts ändern. Aber wenn man im Innern spürt, dass man von Gott getragen und begleitet ist, dann steht man ganz anders in einer belastenden Lebenssituation. Ich habe das den Schülern so erklärt: Wenn ihr einen guten Freund oder eine gute Freundin habt, dann könnt ihr dem alles erzählen. Er hört euch zu und fühlt mit. Das stärkt euch den Rücken und gibt euch Mut, all die Aufgaben, die ihr im Leben habt, anzupacken. Aber eure Freundin wird euch nicht alle Wünsche erfüllen. Sie kann vieles nicht ändern — und manches will sie auch nicht tun. Wichtig ist aber, dass ihr mit eurer Freundin in Kontakt bleibt. Wenn ihr wisst: Meine Freundin steht zu mir. Sie ist immer für mich da, dann steht ihr anders im Leben. Dann habt ihr einen inneren Halt und fühlt euch nicht einsam. — Diese Vertrauensbeziehung ist es, die unser Leben anders, reicher und lebenswerter macht. Die Beziehung zu einem geliebten Menschen gibt dem Leben Sinn. —

Und genauso ist es mit der Beziehung zu Gott.

Sandra und Alexandra (16) schreiben:

> Herr, egal was wir machen, egal wo wir sind,
> egal was wir sagen, du bist immer bei uns.
> Du unterstützt uns in schwierigen
> Situationen, bist da, wenn es uns schlecht
> geht und tröstest uns, wenn wir traurig sind.
> Wir können immer mit dir reden, du bist für
> uns alle da und wirst es immer bleiben. wir
> danken dir sehr! Amen.

Ein kleines Wort in unserem Bibeltext hat es in sich. Ich weiss nicht, wie es auf Sie wirkt: Ihr, die ihr *böse* seid. — Will Matthäus hier alle Menschen schlecht machen? Sind wir ein Haufen von Charakterschurken? Will er uns beleidigen? — Ich denke nicht, auch wenn es beim ersten Hören vielleicht so scheint. Die Betonung des Textes liegt ganz woanders. Schauen Sie den logischen Aufbau des Satzes genau an: Wenn schon... wie viel mehr dann... Matthäus will damit sagen: Sogar wir vergänglichen Menschen, die wir unsere Fehler und Schwächen haben, sind in der Lage, unseren Nächsten zu geben, was sie brauchen. Eltern können ihren Kinder viel Gutes mit auf den Weg geben. Wie viel mehr wird dann Gott, der doch reine Liebe ist, uns Menschen Gutes geben. Ich denke, dass mit *böse* gemeint ist, dass wir Menschen noch nicht ganz in der Liebe leben. Manchmal sind wir in unserem Denken und Handeln irregeleitet.

Manchmal missachten wir das Wohl unserer Nächsten. Und wir sind immer begrenzte Wesen, die den Durchblick oft nicht haben.

Gott kann und will uns alles geben, was wir zu einem erfüllten Leben brauchen. Er erfüllt aber nicht einfach alle unsere Wünsche. Aber müssen denn alle unsere Wünsche erfüllt werden, damit wir ein sinnvolles Leben haben? — Dietrich Bonhoeffer hat einmal gesagt: Es gibt erfülltes Leben, trotz vieler unerfüllter Wünsche. — Ein erfülltes und sinnvolles Leben leben. Wer zu Gott kommt, der wird spüren, dass er ihn begleitet und ihm einen sinnvollen Lebensweg zeigen will. Wer bei ihm anklopft, der erfährt, dass Gott ihn willkommen heisst. Aus dieser inneren Begegnung kann vieles entstehen. Was genau entsteht, ist so individuell wie wir Menschen. Und doch sind es auch allgemein menschliche Erfahrungen, die Christinnen und Christen mit Gott machen. Viele erleben einen tiefen Frieden und eine unerklärliche Geborgenheit in ihrem Herzen. — Manchmal dauert es Jahre, bis gewisse Lebensprobleme gelöst werden können. Manche Probleme und Grenzen bleiben in diesem Leben auch bestehen — auch für Menschen, die Gott vertrauen. Aber mitten in diesen Grenzen und Problemen leuchtet doch immer wieder eine Hoffnung und ein Lebenssinn auf, der aus Gott kommt. Oft hilft Gott auch durch Menschen. Manchmal helfen einem Menschen entscheidend weiter, die gar nicht viel vom Glauben wissen. Aber sie können einem das Richtige sagen und neuen Lebensmut geben. — Gott selber kennt keine Zeit. Vielleicht müssen wir deshalb manchmal lange warten, bis sich etwas in unserem Leben zum Guten verändert. Anscheinend ist bei Gott der Zeitfaktor nicht so wichtig, ganz anders als in unserer hektischen Welt.

Ich wünsche Ihnen, dass Sie immer neu erleben dürfen: Wenn ich Gott suche, dann kann ich ihn finden. Wenn ich zu Gott bete, bei ihm anklopfe, dann spüre ich plötzlich, dass er da ist. Mögen gute Erfahrungen mit Gott ihr Vertrauen auf ihn immer neu stärken.

Dankbarkeit

Du gabst meiner Seele Kraft
1 Von David. Ich will dich preisen von ganzem Herzen,
vor Göttern will ich dir singen. 2 Zu deinem heiligen
Tempel hin will ich mich niederwerfen und deinen
Namen preisen um deiner Gnade und Treue willen,
denn du hast dein Wort gross gemacht um deines
Namens willen. 3 Am Tag, da ich rief, erhörtest du
mich, du gabst meiner Seele Kraft. 4 Preisen sollen
dich, HERR, alle Könige der Erde, denn sie haben die
Worte deines Mundes gehört. 5 Sie sollen singen von
den Wegen des HERRN, denn gross ist die Herrlichkeit
des HERRN. 6 Erhaben ist der HERR, doch den
Niedrigen sieht er, und den Hochmütigen erkennt er
von fern. 7 Gehe ich auch mitten durch Bedrängnis, du
erhältst mich am Leben, dem Zorn meiner Feinde zum
Trotz, du streckst deine Hand aus, und deine Rechte
rettet mich. 8 Der HERR wird es vollenden für mich.
HERR, deine Gnade währt ewig, lass nicht fahren die
Werke deiner Hände. Ps. 138

Wahrscheinlich erinnert sich fast jeder von Ihnen an Folgendes: Sie haben als Kind von der Gotte oder von den Grosseltern ein Geschenk bekommen. Sie haben sich darüber gefreut. — Und dann hat die Mutter oder der Vater gesagt: Jetzt musst du der Gotte aber einen Brief schreiben. Schreibe ihr eine Dankeskarte! Heute rufen die Kinder wohl eher an oder schreiben eine SMS. — Danke sagen für etwas, das ich geschenkt bekommen habe... Äusserlich kann man das lernen. Man dankt auch für ein Geschenk, über das man sich gar nicht freut. Es ist sicher gut, dem andern danke zu sagen.

Oft fordern Menschen Dankbarkeit sogar ein. Wenn jemand für etwas, das man ihm geschenkt hat oder für die Zeit, die man ihm gegeben hat, nicht dankbar ist, tut das weh. Das verletzt einen. Aber man kann Dankbarkeit nicht erzwingen. Jemandem ein schlechtes Gewissen zu machen, weil er oder sie undankbar ist, führt nicht weiter. Man kann Dankbarkeit aber auch bei sich selber nicht machen. Vielleicht hat man sogar ein schlechtes Gewissen, weil man für etwas nicht dankbar ist. — Mir scheint, dann bleibt einem nur, diese Grenze anzunehmen. Sich zu sagen: Es ist so. Ich kann im Moment nicht schätzen, was dieser oder jener Mensch für mich getan hat. Ich kann dafür aus irgendeinem Grund nicht dankbar sein.

Die Dankbarkeit, über die ich heute mit Ihnen nachdenken will, geht weit über das Dankesagen, über unsere Anstandsregeln und minimale Wertschätzung hinaus.

Dankbarkeit ist kein Wort, sondern eine Lebenshaltung. Dankbarkeit ist etwas, das ein Mensch in seinem Innern empfindet und auf verschiedene Art zum Ausdruck bringt. Und darum ist sie auch nicht machbar. Dankbarkeit drückt sich in der Art aus, wie jemand handelt, spricht und denkt.

Erinnern Sie sich, wann Sie das letzte Mal Dankbarkeit empfunden haben? Wofür sind Sie dankbar gewesen? Oder gibt es vielleicht sogar Dinge, für die Sie jeden Tag dankbar sind? —

Vielleicht hat Ihnen jemand zur rechten Zeit geholfen. Jemand hat Sie besucht. Vielleicht sind Sie dankbar für Ihre Freunde, für Ihr Zuhause? Oder ein Kind hatte eine schwierige Prüfung in der Schule und sie ist ihm gut gelungen. Erfahrungen, für die man manchmal Dankbarkeit empfindet.

Manchmal ist man einfach still für sich dankbar. Und manchmal möchte man seine Dankbarkeit auch irgendwie zum Ausdruck bringen. — Ich meine damit nicht, dass man jemandem, der einem ein Geschenk gegeben hat auch eines gibt. Das hat nicht unbedingt mit Dankbarkeit zu tun. — Schön ist es aber, wenn es zu einem Austausch kommt. Ein Kind kann seinen Eltern kein Geschenk kaufen. Aber es hat anderes zu geben: Es drückt seine Sympathie aus, indem es für die Eltern einen Blumenstrauss pflückt oder ein schönes Bild malt. Dem andern Aufmerksamkeit schenken, ihm das geben, was ich gerade zu geben habe. Eine gute Beziehung pflegen zum Andern, etwas für ihn tun. — Als ich mit Seniorinnen über das Thema sprach, wurden wir uns schnell einig, dass sich Dankbarkeit vor allem im Umgang miteinander äussert. Dankbar sein heisst, Anteil zu nehmen am Leben des andern Menschen und etwas für ihn oder sie zu tun. Das ist nicht immer einfach. Es gibt viele Gründe, die einen daran hindern können. Und doch scheint mir dies der stärkste Ausdruck von Dankbarkeit zu sein. Eine gute Beziehung zu dem pflegen, der mir etwas schenkte.

Nochmals zurück zum Geschenk. Ein Geschenk bekommt erst einen Wert, wenn man es auspackt und ansieht. Wenn es einem gefällt und man etwas damit anfangen kann. — Gott hat jedem von uns das Leben geschenkt. Und auch hier gilt: Es bekommt für uns seinen Wert erst, wenn wir es ansehen, schätzen und etwas damit anfangen können. Da ist unsere ganze Aufmerksamkeit gefragt. Wer wache Augen hat für das Leben um ihn herum, der findet immer Grund zur Dankbarkeit. Wer über das Wunder des Lebens staunen kann, wird dankbar. —

In Ps. 138 drückt der Beter seine Dankbarkeit Gott gegenüber aus. Susanne Kahl-Passoth hat eine Neudichtung zu diesem Psalm geschrieben:

Gott, ich danke dir von ganzem Herzen!
Dir allein habe ich zu danken.
Voller Ehrfurcht knie ich vor dir nieder,
um meiner Dankbarkeit Ausdruck zu geben
für deine Treue und Verlässlichkeit.
Du hast dein Versprechen erfüllt
auf so wunderbare Weise!
Du hast mir zugehört, als ich verzweifelt zu dir rief,
hast mir neue Kraft gegeben.
Alle Menschen, Gott, sollen dir danken,
wenn sie deine Verheissungen hören.
Von deinen Taten sollen sie sprechen,
denn grossartig sind sie!
Gewaltig ist deine Macht, Gott,
aber du siehst die Schwachen

und nimmst dich ihrer an.
Wenn ich voller Angst und Verzweiflung bin,
erhältst du mich am Leben
und bewahrst mich vor Abgründen.
Du hältst mich fest,
lässt mich fühlen, dass du an meiner Seite bist.
Gott, du wirst alles für mich tun,
deine Liebe währt ewig.
Sei immer an meiner Seite!

Hier kommt ein Vertrauensverhältnis zum Ausdruck. — Es geht um das Leben, um die Existenz in diesem Psalm. Die Beterin hat erlebt, dass Gott sie aus notvollen Situationen gerettet hat. Dass er ihr wieder eine Perspektive für ihr Leben gab. Das liess eine tiefe Dankbarkeit in ihr entstehen. Dadurch ist ein Vertrauensverhältnis entstanden. Und das lässt auch für die Zukunft hoffen. Die Beterin traut Gott etwas zu, weil sie bereits erlebt hat, dass er ihre Gebete gehört hat. Dass er Türen vor ihr geöffnet hat. Um das zu erleben, muss man achtsam sein. Darauf achten, wo und wie Gott in das eigene Leben hineinwirkt. Wo er einem einen hilfreichen Gedanken oder eine neue Möglichkeit schenkt. Die Beterin durfte erfahren, dass Gott ihr nicht einfach irgendein Geschenk macht, sondern dass er ihr sich selber schenkt. Er bleibt an ihrer Seite und steht ihr in schwierigen Situationen bei.

Auf welche Arten können wir Menschen Gott danken? — Sicher in einem Dankgebet. Wer Gott immer wieder für alles dankt, was er empfangen durfte, verbindet sich damit auch mit dem Geber. So wird ihm die Tiefendimension des Lebens bewusster. Aber auch durch die Art, wie ein Mensch seine Aufgaben erfüllt und mit seinen Mitmenschen umgeht, kommt Dankbarkeit zum Ausdruck.

Wer bewusst und sorgfältig lebt, zeigt damit, dass er dieses Leben schätzt. — Wenn ein Fussballspieler von seinem Trainer für ein wichtiges Spiel aufgeboten wurde, dann sagen die Spieler in Interviews zuweilen: Ich habe einen guten Match gespielt, weil ich dem Trainer für das Vertrauen, das er in mich gesetzt hat, danken wollte. Ich wollte ihm zeigen, dass er auf mich zählen kann. — So äussert sich Dankbarkeit. Die Aufgaben, die mir in diesem Leben übertragen werden, nach bestem Können erfüllen. — Und dann auch: Etwas von dem weitergeben, was Gott mir geschenkt hat. Die eigenen Fähigkeiten mit andern teilen. Jeder hat solche Fähigkeiten. Sei es, dass jemand gut backen kann, gut musiziert oder gut zuhören kann. Vielleicht ist es Ihnen auch gegeben worden, gut auf Menschen zuzugehen und andere zu ermutigen. — Von dem, was mir geschenkt worden ist, etwas mit andern teilen. Meine Fähigkeiten zum Wohl anderer einsetzen. Auch dies ist ein Dankeschön an Gott.

Dankbarkeit ist kein Wort, sondern eine Lebenshaltung. Dankbarkeit ist etwas, das ein Mensch in seinem Innern empfindet und auf verschiedene Art zum Ausdruck bringt. Dankbarkeit kann sich auch in unserer Beziehung zu Gott ereignen. Wer dankbar sein kann, wird innerlich reich. Er sieht das Leben aus einer neuen Perspektive und lernt, sorgsam mit seiner Zeit und den Menschen umzugehen.

Das Böse überwinden

Lass dich nicht vom Bösen überwinden, sondern überwinde das Böse mit Gutem. Röm. 12.21

Was ist überhaupt gut? Was ist böse? — Lässt sich das so einfach sagen? — Es ist nicht selbstverständlich, dass es auf unserer Welt Gutes und Böses gibt. Schon die Menschen, welche die Bibel geschrieben haben, sahen hier Erklärungsbedarf. Warum gibt es überhaupt Gutes und Böses in unserer Welt und im Leben jedes einzelnen? — Beginnen wir darum am Anfang. Am Anfang der Bibel, in Genesis 3, wird der Zustand dieser Welt und von uns Menschen mit der Geschichte vom Sündenfall erklärt. Gott hat glückliche, unbeschwerte Menschen geschaffen, die alles hatten, was sie zu einem gesunden und guten Leben brauchten. Sie waren Vegetarier, lebten in Einklang mit sich selber und miteinander und waren zufrieden. Oder doch nicht ganz?

Von irgendwoher kam eine böse Macht in dieses Paradies. Sie verwickelt die Frau in ein Gespräch und redet ihr ein, dass die Warnungen von Gott nicht ernst zu nehmen sind: „Ihr werdet überhaupt nicht sterben, wenn ihr von der Frucht des Baumes esst, der mitten im Garten steht!" — Es ist der bösen Macht gelungen, in der Frau Misstrauen gegen Gott zu schüren. Sie konnte sie davon überzeugen, dass Gott ihr etwas Wichtiges vorenthalten will: nämlich das Wissen und die Klugheit. „Gott will nur nicht, dass euch die Augen aufgehen und ihr wisst, was Gut und Böse ist!" — Gut und Böse zu erkennen und zu unterscheiden, ist also eine göttliche Fähigkeit.

Der Mensch war damals schon neugierig und wollte wissen, was Gut und Böse ist. Und er wollte werden wie Gott. Die böse Macht hat ihm eingeredet, dass Gott ihm etwas vorenthalten will. Und die Frau wollte in ihrem Leben alles haben, mehr haben, jede Möglichkeit ergreifen. Darum ist sie auf das verlockende Angebot eingegangen und hat sich über die Weisung von Gott hinweggesetzt. — Seit dieses Misstrauen gegen Gott die Menschen prägt, haben sie sich von ihm entfernt. Sie haben ihre ursprüngliche Bestimmung verloren, nämlich in der Nähe von Gott glücklich zu leben. Weil der Mensch einer verführerischen, lügenden Macht gefolgt ist, ist er in einen schlechteren Zustand geraten. Und der Mensch weiss laut der Bibel seither mehr, als er ursprünglich wissen sollte. Seither weiss er, was Gut und Böse ist.

In der Geschichte vom Sündenfall heisst es auch, dass Gott nicht gewollt hat, dass der Mensch ewig in diesem Zustand lebt. Darum wurde er aus seinem ursprünglichen Lebensraum, den die Bibel Garten Eden nennt, vertrieben. Die Lebensbedingungen des Menschen haben sich verändert. Hier auf der Erde muss er sich alles erarbeiten. Er ist vielen Gefahren und Krankheiten ausgesetzt. Das Leben ist auch zu einem Kampf geworden. Seit das Böse in die Schöpfung gekommen ist, bleibt uns nichts anderes übrig, als im Spannungsfeld zwischen Gut und Böse zu leben.

Wir werden schon in eine verwirrende Welt hineingeboren. Und unsere Aufgabe ist es, nach Kräften das Beste aus dem zu machen, was wir an Begabungen in uns und an Möglichkeiten und Aufgaben in unserem Umfeld vorfinden.

Weil wir im Spannungsfeld zwischen gut und böse zu leben haben, gibt Paulus der Gemeinde in Rom folgende Anweisung: *Lass dich nicht vom Bösen überwinden, sondern überwinde das Böse mit Gutem. Röm. 12.21*

Paulus erklärt den Römern, dass ihr Leben durch das Wirken von Gottes Geist eine neue Ausrichtung erhält. — Der Glaube soll sich in ihrem alltäglichen Handeln und Reden auswirken. Als Christen sollen sie nicht einfach auf ihren Vorteil bedacht sein, sondern sich auch um ihre Nächsten kümmern. Sie sollen sich nicht vom gängigen Macht- und Gewinnstreben anstecken lassen. Sie sollen auch nicht darauf aus sein, berühmt zu werden und vor andern Menschen gross dazustehen. Sie sollen nicht gegen ihre Mitmenschen intrigieren oder ihnen sonst irgendwie Schaden zufügen. — Eine der wichtigsten Anweisungen ist: *Ist es möglich, so viel an euch liegt, haltet mit allen Menschen Frieden. Röm. 12.18* — Das Böse überwinden heisst also vor allem: Mit andern Menschen Frieden halten. Auch wenn man nicht gleicher Meinung ist.

Und wenn einem jemand Schaden zugefügt hat, soll man es ihm nicht mit gleicher Münze heimzahlen. Paulus gebietet den Römern, dass sie sich nicht selber an ihren Feinden rächen sollen. Damals, zur Zeit des frühen Christentums wurden die Christen im römischen Reich verfolgt, weil ihr Glaube eine ernst zu nehmende Konkurrenz zum staatlichen Kaiserkult war. Da die ersten Gemeinden eine starke Ausstrahlung hatten und rasch wuchsen, sahen sich der Kaiser und seine Entourage durch die engagierten, dynamischen Christen bedroht. Die Gemeinde in Rom hatte also ganz konkrete Feinde, die ihnen oft sogar nach dem Leben trachteten. Paulus fordert die römischen Christen nun auf, für diese Feinde zu beten und ihnen Gutes zu tun. Sie zum Essen einzuladen und ihnen freundlich zu begegnen. — Das ist leichter geschrieben als getan. Aber es leuchtet ein: Wenn jemand mit einem andern Streit anfangen will — und der bleibt einfach ganz ruhig und gibt dem Aggressor sogar noch ein Geschenk — dann wird es für den Angreifer sehr schwierig, immer noch Streit zu wollen. Wenn ich jemandem, der mir geschadet hat, Gutes tue, dann kann das schon irritieren. Das gewohnte Beziehungsmuster kann nicht aufrecht erhalten werden. Die Beziehung wird neu ausgehandelt. Paulus ruft deshalb dazu auf, aktiv Frieden zu schaffen. Wer auf andere zugeht, ihnen Gutes tut, der baut Schranken ab und schafft eine Atmosphäre des Vertrauens. Überwindet das Böse mit Gutem!

Gut ist, was die Gemeinschaft fördert und Vertrauen schafft — böse, was die Gemeinschaft zersetzt. Es gibt natürlich immer auch Ausnahmen. Wenn zwei Menschen einander nur noch das Leben schwer machen, kann es gut sein, wenn sie sich trennen. Vielleicht hat jeder allein eine bessere Lebensqualität und findet seinen Weg im Leben wieder.

Ich bin der Ansicht, dass die allermeisten Menschen das Gute wollen. Nur haben wir Grenzen. Unser Charakter, die Prägungen, die wir schon als kleine Kinder erfahren, unsere Ängste oder unsere mangelnde Sensibilität hindern uns immer wieder daran, das Gute zu tun. Wer Böses erfahren hat, wird misstrauisch, vielleicht sogar verbittert. Wie sehen solche bösen Erfahrungen aus und wie kann man sie überwinden?

Eine böse Erfahrung ist etwas, das einen Menschen tief verletzt hat. Zum Beispiel wenn einen die Eltern oder andere nahestehende Menschen immer wieder entwertet haben. Oder wenn jemand Opfer von Intrigen geworden ist. Wenn jemand in der Schule von den andern Kindern nicht akzeptiert wurde. Oder denken wir an die Männer, die als Soldaten gekämpft haben, die viel Elend, Leid und sinnlose Zerstörung miterlebt haben. — Solche Erfahrungen nehmen einem das Vertrauen ins Leben.

Viele Menschen wollen solch schlechte Erfahrungen zurücklassen, sich vom Bösen befreien. Dabei erleben wohl die meisten, dass die belastenden Erinnerungen und Schmerzen in der Seele bleiben. Die Schatten der Vergangenheit holen Menschen immer wieder ein. Oft wirken belastende Erfahrungen auch ohne dass wir es merken. Sie wurden verdrängt und wirken im Unbewussten weiter. Wir können böse Erfahrungen also nicht einfach mit ein wenig gutem Willen abschütteln. Sie hinterlassen Wunden. Menschen leiden oft jahrelang darunter und sind in ihren Lebensäusserungen blockiert.

Wenn man sich daran erinnert, was einen verletzt und enttäuscht hat, ist das eine Chance. Man kann dann die belastenden Situationen besprechen und auf diese Weise bearbeiten. Dadurch ist man der Vergangenheit nicht mehr einfach ausgeliefert. — Wenn ein Mensch in der Zukunft etwas ändern will, ist schon viel geschehen. Wenn er dann noch den Mut findet, wieder auf Menschen zuzugehen, kann er neue und bessere Erfahrungen machen. Diese neuen Erfahrungen sind es, welche die alten Enttäuschungen und Ängste langsam überwinden.

Das empfiehlt auch Paulus. Sich jahrelang mit dem Bösen beschäftigen führt nicht weiter. Man arbeitet sich nur immer tiefer in die Probleme hinein. Damit man dem Bösen nicht ausgeliefert ist, damit schlechte Erfahrungen nicht endlos weiterwirken, ist es aber zuerst nötig, sie zu erkennen und zu benennen. Auch in unserem täglichen Verhalten gilt es zu merken, ob ich mir selber oder andern manchmal schade! Es ist schwierig, zuzugeben, dass man zuweilen auch selber zerstörerisch redet oder handelt. Es braucht Überwindung, eine solche Einsicht zuzulassen, weil das positive Selbstbild dadurch verändert wird.

Es ist aber ein erster Schritt zur Erlösung, wenn einem bewusst wird: Mit diesem Verhalten schade ich mir selber oder andern. Es ist wichtig, dann nicht gleich moralisch zu werten. Oft hat man einfach einen blinden Fleck, ein Unvermögen. Wer Fehlleistungen bei sich erkennt, der bekommt die Chance an sich zu arbeiten und etwas zu ändern. Es gilt, alte Gewohnheiten aufzugeben und sie durch neue, gute zu ersetzen.

Paulus hat zu Zeiten offenbar von Gott die Erkenntnis erhalten, dass er nicht nur gut handelt. Er schreibt an anderer Stelle im Römerbrief:

> *Das Wollen ist zwar bei mir vorhanden, das Vollbringen des Guten aber nicht. Denn nicht das Gute, das ich will, tue ich, sondern das Böse, das ich nicht will, das führe ich aus. Wenn ich aber tue, was ich nicht will, so vollbringe nicht mehr ich es, sondern die Sünde, die in mir wohnt. — Ich elender Mensch!*

Wer wird mich erlösen von diesem Leibe des Todes?
— Röm. 7.18 ff.

Paulus weiss, an wen er sich wenden kann. Schreibt er doch weiter:

Dank sei Gott durch Jesus Christus, unsern Herrn!
Röm. 7.25

Paulus sieht das Böse als eine unsichtbare Macht, die Menschen beeinflusst. Heute ist uns dieser Gedanke fremd geworden. — Viele Zeitgenossen denken, der Mensch sei ganz frei, er entscheide alles selber und sei allein für sein Leben verantwortlich. Ich denke, Paulus hatte recht. Es gibt unsichtbare, zerstörerische und verführerische Kräfte, die in unserer Welt wirken und denen Menschen manchmal ausgeliefert sind. Die Macht des Bösen kann Menschen auf falsche Fährten führen. Sie tritt auf unterschiedliche Art und in verschiedenen Gestalten auf. Sie beeinflusst einzelne Menschen aber auch ganze Gesellschaften. Sie hindert Menschen daran, ihren eigentlichen Lebenssinn zu finden und ihr Leben sinnvoll zu gestalten. Die Macht des Bösen hält Menschen auch fern von Gott. Sie schafft Misstrauen zwischen Mensch und Gott. Der Mensch meint dann, wie Eva in der Urgeschichte, Gott wolle ihm sein Leben nicht gönnen.

Gott misstrauen, sich von ihm abwenden, ohne ihn leben wollen, ihn vernachlässigen, darin sieht die Bibel die Grundtragik des Menschen. Viel Leid und viele negative Erfahrungen entstehen, weil Menschen sich nicht an Gott orientieren. Ihre inneren Kräfte können dann von andern Menschen oder vom eigenen Denken und Wollen irregeleitet werden.

Eine Geschichte aus Afrika erzählt davon, wie eine böse Macht eine Palme daran hindern wollte, ihre Bestimmung zu erfüllen.

Der böse Mann und die junge Palme — Sinngeschichte aus Afrika

Einst kam ein finsterer Mann in eine Oase. Er hatte einen so verdorbenen Charakter, dass er sich an nichts Schönem freuen konnte. Er spürte aber einen Drang in sich, Dinge zu zerstören. Immer wollte er Schaden anrichten. Am Rande der Oase sah er eine junge, wunderschöne Palme, die sich der Sonne entgegenstreckte. Dieser Anblick störte den finsteren Mann. Er nahm einen schweren Stein und legte ihn der jungen Palme mitten auf die Krone.

Böse lachend verliess der Mann die Oase. Die junge Palme aber schüttelte sich aus Leibeskräften und versuchte, die unbequeme Last abzuwerfen. Doch vergeblich. Der Stein sass so fest in der Krone, dass nichts half.

Da krallte sich die Palme mit ihren Wurzeln tiefer in den Boden. Sie suchte mehr Halt im Erdreich und bohrte sich bis zu den tiefsten Wasseradern. Und sie stemmte sich mit der schweren Last gegen den Himmel. Bald war sie durch ihre Anstrengungen grösser als alle andern Palmen in der Oase. Ihre Wurzeln reichten so tief hinunter, dass sie immer genug Wasser hatte. Die Sonne von oben und das Wasser von unten machten aus dem jungen Baum eine königliche Palme.

Viele Jahre später kam der böse Mann zufällig wieder an der Oase vorbei. Er erinnerte sich an seine Tat und wollte sehen, wie die arme Palme wegen des Steins ein kleiner Krüppel geworden war. Aber er konnte keine verkrüppelte Palme finden. Da senkte die grösste Palme ihre Krone, zeigte dem Mann den Stein und sagte: „Ich muss dir danken. Deine Last hat mich stark gemacht."

Hätte sich die Palme ständig auf den schweren Stein, auf die Last ihres Lebens, konzentriert, wäre sie vielleicht ein kleines Pflänzchen geblieben. Sie hat ihre Kräfte aber nicht in Sorgen oder im Jammern verpufft. Mit aller Kraft suchten ihre Wurzeln Wasser im Boden, und mit aller Kraft hat sie das Licht gesucht, um einen Stamm und Blätter aufzubauen. Sie hat das Gute gesucht und betont — und so das Böse überwunden.

So empfiehlt Gott auch uns, das Gute zu suchen und uns darauf zu konzentrieren. Wer Gutes tut, ist ganz davon erfüllt. So lässt er das Böse links liegen, gibt ihm keine Kraft. Und weil das Böse keine Nahrung erhält, verblasst es und verliert seinen Einfluss.

Der Stein in der Geschichte symbolisiert das Böse, das uns widerfährt und das Zweifelhafte in uns selber. All das soll uns aber nicht davon abhalten, wirklich zu leben, uns immer weiter zu entwickeln. Das Böse in der Welt soll uns auch den Zugang zur guten Lebenskraft nicht verschliessen können. Es gilt, die Hoffnung auf ein intaktes Leben zu bewahren — in all den Widrigkeiten, welche das Leben einem manchmal zufügt. Die Hoffnung bewahren, auch in all dem, was ich in der Welt an Not und Elend sehe, dazu ruft Gott uns auf.

Wir sollen nicht gegen das Böse kämpfen, aber dem Guten folgen und das Gute tun, dann werden die Schatten der schlechten Erlebnisse, die Schatten des Bösen immer schwächer im Leben.

Gott schafft am Anfang eine gute Schöpfung. Wer ihm vertraut und sich ihm immer neu nähert, der setzt sich einer guten Kraft aus. Wer sich Gott anvertraut ist wie die Palme in unserer Geschichte: Er bekommt genug frisches Wasser für seine Seele: kreative Ideen, Geborgenheit, Freude und Lebensmut. Das warme Licht Gottes entfaltet die guten Kräfte in ihm.

Wenn Menschen sich nicht vom Bösen beeindrucken lassen, sondern mit Gott zusammen immer wieder neu ihren Weg suchen und dem Guten zum Durchbruch verhelfen, dann entstehen Inseln der Hoffnung in dieser Welt.

Was ist Segen?

Jakob erlistet den Segen Isaaks

1 Als Isaak alt geworden war und seine Augen
erloschen waren, so dass er nicht mehr sehen konnte,
rief er seinen älteren Sohn Esau und sprach zu ihm:
Mein Sohn! Und dieser sagte zu ihm: Hier bin ich.
2 Da sprach er: Sieh, ich bin alt geworden und weiss
nicht, wann ich sterben werde. 3 So nimm nun dein
Jagdgerät, deinen Köcher und deinen Bogen, geh

hinaus aufs Feld und erjage mir ein Wild. 4 Dann
bereite mir mein Leibgericht zu, wie ich es liebe, und
bring es mir, und ich will essen, damit ich dich segnen
kann, bevor ich sterbe. 5 Rebekka aber hörte, wie
Isaak mit seinem Sohn Esau redete. Und Esau ging
aufs Feld, um ein Wild zu erjagen und heimzubringen.
6 Da sprach Rebekka zu ihrem Sohn Jakob: Sieh, ich
habe gehört, wie dein Vater zu deinem Bruder Esau
sagte: 7 Bringe mir ein Wild und bereite mir mein
Leibgericht, dass ich es esse. Dann werde ich dich vor
dem HERRN segnen, bevor ich sterbe. 8 Nun, mein
Sohn, höre auf mich, auf das, was ich dir sage: 9 Geh
zur Herde und bring mir zwei schöne Zicklein. Ich will
deinem Vater davon das Leibgericht zubereiten, wie er
es liebt. 10 Das bringst du deinem Vater zum Essen,
damit er dich segne, bevor er stirbt. 11 Jakob aber
sprach zu seiner Mutter Rebekka: Sieh, mein Bruder
Esau ist behaart, ich aber bin unbehaart. 12 Vielleicht
betastet mich mein Vater. Dann stehe ich vor ihm da
als einer, der Spott mit ihm treibt, und ich bringe
Fluch über mich und nicht Segen. 13 Da sprach seine
Mutter zu ihm: Auf mich komme dein Fluch, mein
Sohn. Höre nur auf mich und geh und hol mir die
Zicklein! 14 Da ging er, holte sie und brachte sie
seiner Mutter. Und seine Mutter bereitete das
Leibgericht zu, wie sein Vater es liebte. 15 Dann nahm
Rebekka das Festgewand ihres älteren Sohns Esau,
das sie bei sich im Haus hatte, und zog es ihrem
jüngeren Sohn Jakob an. 16 Die Felle von den Zicklein
aber legte sie um seine Hände und um seinen glatten
Hals. 17 Dann gab sie das Leibgericht und das Brot,
das sie bereitet hatte, ihrem Sohn Jakob in die Hand.
18 So ging er zu seinem Vater hinein und sprach: Mein

Vater! Er sprach: Hier bin ich. Wer bist du, mein
Sohn? 19 Jakob sprach zu seinem Vater: Ich bin Esau,
dein Erstgeborener. Ich habe getan, was du mir gesagt
hast. Setz dich auf und iss von meinem Wildbret, damit
du mich segnest. 20 Isaak aber sprach zu seinem Sohn:
Wie hast du so schnell etwas gefunden, mein Sohn? Er
sprach: Der HERR, dein Gott, hat es günstig für mich
gefügt. 21 Da sprach Isaak zu Jakob: Tritt herzu, ich
will dich betasten, mein Sohn, ob du mein Sohn Esau
bist oder nicht. 22 Da trat Jakob zu seinem Vater Isaak
heran, und dieser betastete ihn und sprach: Die
Stimme ist Jakobs Stimme, aber die Hände sind Esaus
Hände. 23 Und er erkannte ihn nicht, denn seine
Hände waren behaart wie die Hände seines Bruders
Esau. Und so segnete er ihn. 24 Und er sprach zu ihm:
Du also bist mein Sohn Esau? Er sprach: Ja, das bin
ich. 25 Da sprach er: Trag mir auf, und ich will von
dem Wildbret meines Sohns essen, damit ich dich
segnen kann. Da trug er ihm auf, und er ass. Und er
brachte ihm auch Wein, und er trank. 26 Dann sprach
sein Vater Isaak zu ihm: Tritt herzu und küss mich,
mein Sohn. 27 Und er trat herzu und küsste ihn. Da
roch er den Geruch seiner Kleider, und er segnete ihn
und sprach:Sieh, der Geruch meines Sohns ist wie der
Geruch des Feldes, das der HERR gesegnet hat.
28 Gott gebe dir vom Tau des Himmels und vom Fett
der Erde, Korn und Wein in Fülle. 29 Völker sollen dir
dienen, und Nationen sollen sich vor dir niederwerfen.
Sei Herr über deine Brüder, und vor dir sollen sich
niederwerfen die Söhne deiner Mutter. Gesegnet ist,
wer dich segnet, und verflucht, wer dich verflucht.
30 Kaum hatte Isaak Jakob gesegnet und Jakob seinen
Vater Isaak verlassen, kam sein Bruder Esau von der

Jagd. 31 Auch er bereitete das Leibgericht und brachte
es seinem Vater. Und er sprach zu seinem Vater: Mein
Vater möge sich aufrichten und vom Wildbret seines
Sohns essen, damit du mich segnest. 32 Sein Vater
Isaak aber sprach zu ihm: Wer bist du? Er sprach: Ich
bin dein erstgeborener Sohn Esau. 33 Da begann
Isaak vor Schrecken heftig zu beben und sprach: Wer
war es denn, der Wild gejagt und es mir gebracht hat,
so dass ich von allem ass, bevor du hereinkamst, und
den ich gesegnet habe? Er wird auch gesegnet bleiben.
34 Als Esau die Worte seines Vaters hörte, schrie er
laut auf, klagte bitter und sprach zu seinem Vater:
Segne doch auch mich, mein Vater. 35 Er aber sprach:
Hinterlistig ist dein Bruder gekommen und hat dir den
Segen geraubt. 36 Da sprach er: Ja, mit Recht hat man
ihn Jakob genannt, schon zweimal hat er mich
betrogen. Mein Erstgeburtsrecht hat er mir geraubt,
und nun raubt er mir auch meinen Segen. Und er
sprach: Hast du keinen Segen mehr für mich? 37 Isaak
antwortete und sprach zu Esau: Sieh, ich habe ihn zum
Herrn über dich gesetzt, und alle seine Brüder habe
ich ihm als Diener gegeben, mit Korn und Wein habe
ich ihn versorgt. Was kann ich für dich noch tun, mein
Sohn? 38 Esau sprach zu seinem Vater: Hast du denn
nur einen Segen, mein Vater? Segne doch auch mich,
mein Vater. Und Esau begann laut zu weinen. 39 Da
antwortete sein Vater Isaak und sprach zu ihm:

Sieh, fern vom Fett der Erde
wird deine Wohnung sein
und fern vom Tau des Himmels droben.
40 Von deinem Schwert wirst du leben,
und deinem Bruder wirst du dienen.

Doch, wenn du dich losreisst,
wirst du sein Joch
von deinem Nacken schütteln.

41 Esau aber war Jakob feind um des Segens willen,
mit dem sein Vater ihn gesegnet hatte, und Esau
sprach bei sich: Es nahen die Tage der Trauer um
meinen Vater. Dann will ich meinen Bruder Jakob
umbringen. 42 Da hinterbrachte man Rebekka die
Worte ihres älteren Sohns Esau, und sie sandte hin und
liess ihren jüngeren Sohn Jakob rufen und sprach zu
ihm: Sieh, dein Bruder Esau will Rache an dir nehmen
und dich umbringen. 43 So höre nun auf mich, mein
Sohn. Mach dich auf und flieh zu meinem Bruder
Laban nach Charan. 44 Bleib einige Zeit bei ihm, bis
sich der Grimm deines Bruders legt. 45 Sobald der
Zorn deines Bruders ablässt von dir und er vergisst,
was du ihm angetan hast, will ich nach dir senden und
dich holen lassen. Warum sollte ich euch beide an
einem Tag verlieren? 1. Mose 27.1-45

Wir lesen in der Familiengeschichte von Isaak, Rebekka und ihren beiden Söhnen Jakob und Esau, wie der sterbende Isaak seinen Segen weitergibt. In dieser Geschichte wird klar, dass der Segen damals als eine Macht galt, die das ganze Leben eines Menschen beeinflusst. Er bewirkt, dass ein Mensch immer eine reiche Ernte haben wird. Die Felder werden ihr Korn geben, die Reben üppig wachsen und die Tiere werden gesund sein und sich rasant vermehren. Alles, was ein Mensch anfasst, wird ihm gelingen. Und er wird mächtig sein und über andere Menschen herrschen. Diesen Segen konnte ein Familienoberhaupt nur ein Mal vergeben. Und er hat gewirkt. Unabhängig davon, ob nun der rechtmässige Empfänger, Esau, oder der zweite Bruder, Jakob, vor dem sterbenden Vater stand. Isaak spricht also mit dem Segen ein wirkmächtiges Wort aus. Wir sind uns heute oft zu wenig bewusst, dass Worte Handlungen sind, die eine Wirkung entfalten, sogenannte Sprechhandlungen. — Beobachten Sie sich selber einmal in einem Gespräch. Dann werden Sie bald merken, wie die unterschiedlichen Erzählungen und Worte Ihres Gegenübers in Ihnen Bilder und Gefühle wachrufen. Worte haben ein enormes schöpferisches Potential. In unserer Zeit der Bildmedien wird ihre Wirkung aber oft unterschätzt. — Ein solch schöpferisches Wort ist der Segen. Er bestimmt das weitere Leben von Jakob. Wer gesegnet ist, der hat Erfolg. Alles was er anfasst gedeiht, und seine Bemühungen tragen Früchte. Weil dieser wirkkräftige Segen nun an den Falschen ging, sind Isaak und Esau verzweifelt. Der Vater kann seinem älteren Sohn keine segnende Kraft mehr mitgeben. —

Die Menschen der Bibel sind eng mit der Natur verbunden. Wir lesen von Nomaden, die ihre Viehherden von Weideland zu Weideland führen oder von Kleinbauern, die auf eine gute Ernte hoffen. Durch diese Verbundenheit mit der Erde haben die Menschen ein feines Gespür dafür entwickelt, dass sie ihr Leben nicht selbst in der Hand haben, sondern auf eine unverfügbare Lebenskraft angewiesen sind.

Nach der Erzählung von der Sintflut wird berichtet, wie Gott seinen Bund mit den Menschen erneuert. *So lange die Erde währt, sollen nicht aufhören Saat und Ernte, Frost und Hitze, Sommer und Winter, Tag und Nacht. Gen. 8.22.* Hier erfährt der Mensch, dass er sein Leben lang alles erhalten wird, was er zum Leben braucht. Die Lebensgrundlage, Wachsen und Gedeihen der Saat, wird ihm geschenkt. Segen ist ein unmerkliches und stetiges Handeln Gottes. In andern Geschichten wirkt sich der Segen darin aus, dass Gott einem Menschen viele Nachkommen schenkt, oder dass die Mitglieder einer Grossfamilie friedlich zusammenleben können. Weiter gefasst wird auch Friede und Gerechtigkeit im Land als ein Ausdruck von Segen gesehen.

Weil der Segen von Gott ein stilles, stetiges und unmerklich fliessendes Handeln ist, bemerken ihn Menschen oft gar nicht. Und doch kann man diesen Segen zuweilen deutlich spüren. Kennen Sie Zeiten in Ihrem Leben, in denen Ihnen einfach vieles mühelos gelingt? Was Sie auch anpacken, es kommt etwas Sinnvolles zustande. Ihre Arbeit bringt einen sichtbaren Gewinn für die Menschen um Sie herum. Ihre Bemühungen führen zu einem guten Ergebnis. — Kennen Sie im Gegensatz dazu auch Zeiten, in denen Sie einen grossen Aufwand leisten, aber der Aufwand scheint umsonst? Man beginnt etwas und erlebt Rückschläge. In der Firma werden die eigenen Ideen abgelehnt. Man darf ein Projekt nicht so umsetzen, wie man es für richtig hielt. Oder Krankheiten machen einem einen Strich durch die Rechnung. — Die Erfahrung zeigt, dass vieles nicht in unserer Hand liegt. Wir können unseren Beitrag zwar leisten. Wir lernen so vieles im Leben, haben unsere Werte und unsere Ziele. Wir setzen uns ein und strengen uns an. Aber was dabei genau herauskommt, ob das eigene Tun wirklich eine lebensspendende Wirkung hat, ob etwas gedeiht und aufblüht, liegt nicht nur in unseren Händen. Dieses Geheimnis vom Gedeihen und Gelingen nennt die Bibel Segen. — Das Gegenteil davon ist der Fluch. Es gibt Menschen, die von einem Fluch belastet sind. Sie können sich noch so sehr anstrengen, irgendeine dunkle Kraft hält sie ständig zurück. Sie erleben immer wieder Rückschläge. Früher war die Praxis des Verfluchens noch weit verbreitet. Heute ist das zumindest bei uns zum Glück nicht mehr so — aber auch das Wissen darum, wie wichtig der Segen Gottes ist, ist ziemlich verloren gegangen.

Kennen Sie Menschen, die in ihrem Leben gesegnet sind? Denen alles ein bisschen leichter fällt, wie es in der Werbung für ein Herren-Deo heisst? Menschen, denen alles gelingt, was sie tun? Die ihre Pläne mühelos in die Tat umsetzen können und einen grossen Freundeskreis haben? — Und kennen Sie Menschen, die sich jahrelang für etwas einsetzen, die hart arbeiten, aber einfach auf keinen grünen Zweig kommen? Oder Menschen, die sich etwas aufbauen, aber immer wieder durch Schicksalsschläge zurückgeworfen werden und wieder von vorn beginnen müssen. Solche Erfahrungen kann man als Segen oder Fluch deuten. Beim Interpretieren ist aber Vorsicht geboten. Aus meiner Sicht ist es nicht zulässig, wenn man einen Menschen, der einen steinigen Weg zu gehen, einfach als von einem Fluch belasteten betrachtet. Es kann ein Fluch im Spiel sein. Was ein solcher Mensch dann braucht, ist aber Hilfe und kein moralisches Urteil.

Zudem kann es jedem Menschen passieren, dass er einen belasteten Lebenshintergrund in der unsichtbaren Welt hat. Das kann auch gegen den Willen eines Menschen geschehen und gar nichts mit seiner persönlichen Entscheidung zu tun haben. Letztlich ist es ein Geheimnis, warum die einen bevorzugt sind und die andern so viel durchmachen müssen. Manchmal sogar mehr, als man einem Menschen zumuten möchte. Man kann nur hoffen, dass Gott auch die Menschen, die jetzt grosse Lasten zu tragen haben, seien es Krankheiten oder schwere Schicksale, erlösen wird und ihnen eine gute Zukunft bereitet. Man kann das Phänomen der so ungleichen Schicksale und Lebensbedingungen sicher nicht einfach mit Segen oder Fluch erklären. Aber ich vermute, dass in der unsichtbaren Welt Kräfte wirken, welche die Lebensbedingungen auf unserer Welt mitbestimmen. Ob die Anstrengungen eines Menschen gewürdigt werden und er dafür einen Lohn erhält, hängt nicht nur von seinem Können und von seiner Anstrengung ab. — Die Menschen in Drittweltländern, die aufgrund der Weltwirtschaftsstrukturen gar keine Möglichkeiten haben, sich eine gesicherte Existenz aufzubauen oder auch nur das Nötigste zum Leben zu haben, gehören nochmals in eine andere Kategorie.

Vieles liegt im Argen. Es ist zu hoffen, dass der menschenfreundliche Gott auch die belasteten Menschen, die sich abmühen und doch nicht genug zum Leben haben, einmal segnen wird. Sodass sie unter Bedingungen leben können, in denen auch ihre Anstrengungen einen guten Lohn einbringen.

Wahrscheinlich geht der Segen auch über Gelingen, Gesundheit und Erfolg hinaus. Wir leben ja nicht nur in dieser sichtbaren Welt, sondern immer auch schon in der Ewigkeit Gottes. Auch Menschen, denen es vordergründig schlecht geht, die Krankheiten zu tragen haben oder in schwierigen Umständen leben, können aus der unsichtbaren Welt Gottes bereits gesegnet sein. Auch Menschen, die es schwer haben, können Spuren hinterlassen, die letztlich zum Leben dienen. — Dieses Vertrauen gegen den Augenschein ist den Christinnen und Christen zu allen Zeiten auch zugemutet worden. Vordergründig sind viele gescheitert. Denken Sie nur an die MärtyrerInnen. Von ihnen wird erzählt, dass sie zwar in diesem

Leben keinen Erfolg hatten, in der unsichtbaren Wirklichkeit Gottes aber vielen zum Segen werden.

Nachdem die Israeliten sesshaft geworden waren, bekam der Segen einen festen Platz im Gottesdienst. In den Ackerbaufesten feierten die Menschen Gott als den Geber von Korn, Wein und Öl. Die Priester erteilten den Menschen im Gottesdienst vom Heiligtum her den Segen für ihre Familie, ihre Arbeit und ihr Haus. So heisst es z. B. in Ps. 118.26: Gesegnet sei, wer kommt, im Namen des Herrn. Wir segnen euch vom Haus des Herrn. Dies ist auch heute noch ein Grund, warum wir jeden Sonntag Gottesdienst feiern: Die BesucherInnen sollen im Gottesdienst durch Gott selbst neue Kraft und Zuversicht für ihr Tun im Alltag bekommen. Sie sollen Einsichten gewinnen und neuen Mut für all ihre Aufgaben. Mit diesem Segen ausgerüstet gehen sie ihre Arbeit im Alltag an und pflegen ihre Beziehungen. So soll ein aufbauendes und ertragreiches Leben möglich werden.

Der bekannteste Segen wurde zur Zeit, als die Israeliten sesshaft wurden, am Schluss von manchem Gottesdienst gesprochen. In Numeri 6 lesen wir:

> *Und der Herr sprach zu Mose: Rede zu Aaron und seinen Söhnen: So sollt ihr die Israeliten segnen, sprecht zu ihnen: Der Herr segne dich und behüte dich. Der Herr lasse sein Angesicht leuchten über dir und sei dir gnädig. Der Herr erhebe sein Angesicht zu dir und gebe dir Frieden. So sollen sie meinen Namen auf die Israeliten legen, und ich werde sie segnen.*
> *Num. 6.22-27.*

Ein wunderbares Bild! Gott, der Höchste, wird einen Menschen behüten. Was immer er oder sie gerade tut. Er wird sie beschützen und immer neu in seine Geborgenheit führen. Gott lässt sein Gesicht über einem Menschen leuchten. Eine ganz elementare Erfahrung. Einer der ersten Eindrücke, die ein Baby vom Leben hat, sind die strahlenden

Gesichter seiner Eltern über ihm. Und so, voller Freude über das Leben, sieht Gott uns Menschen an. — Und er ist uns gnädig. Er rechnet unsere Fehler nicht kleinlich auf. Wir müssen nur einen Teil der Folgen tragen, wenn wir Fehler gemacht haben. Bei Gott sind viele Neuanfänge und Wendungen zum Guten möglich. — Und mit Frieden werden die Menschen da gesegnet. Frieden, dieses vielbenutzte Wort. Wenn Menschen in Spannungen mit ihren Mitmenschen leben, dann können sie ihre Kräfte nicht mehr ganz für das Wesentliche einsetzen.

Letzthin habe ich einen Film gesehen, der zeigt, wie Menschen in Kabul, der Hauptstadt von Afghanistan, leben: Es ist zwar erstaunlich, wie das tägliche Leben trotz des seit 30 Jahre andauernden Krieges funktioniert. Die Menschen gehen zur Arbeit oder einer andern Tätigkeit nach. Aber weil man nie weiss, wann wieder ein Angriff geschieht, schwelt es unter der dünnen Decke von normalem Leben. Weil die Menschen ständig mit Gewalt rechnen müssen, ist auch die Gesellschaft gewalttätiger geworden. Auch in einem kriegsgeschüttelten Land können die Leute zwar einigermassen normal leben. Aber viele wertvolle Kräfte werden durch die Angst vor den nächsten Angriffen gebunden. Investoren bleiben fern. Es kann sich keine blühende Wirtschaft entwickeln. Die Menschen werden in ihren Möglichkeiten stark eingeschränkt. Das Geld und die Arbeitskräfte, welche der Ausbildung und Entwicklung der Menschen dienen sollten, bleiben in den Kämpfen gegen äussere und innere Feinde gebunden. Das Beispiel soll zeigen, wie Frieden und Segen zusammenhängen. Wenn ein Volk in Frieden leben kann, dann kann sich auch die Segenskraft richtig entfalten. Dann wird die menschliche Arbeit für die Produktion von Gütern, für den Aufbau von Beziehungen und zum Wohl der Gesellschaft genutzt.

Der Film hat aber sehr beeindruckend gezeigt, wie auch mitten im Chaos eine segensreiche Arbeit möglich ist. Ein Skater aus Australien hat seinen Sport in einem leeren Brunnen ausgeübt. Bald sind ein paar neugierige Kinder dazugekommen, die auch Skateboard fahren wollten. Der Australier hat einigen Schulkindern das Skaten beigebracht. Und aus diesem kleinen Anfang ist eine richtige Skateschule geworden. Zusammen mit andern Skatern aus den USA und aus Holland hat der Gründer immer mehr Kinder unterrichtet. Vor allem Kinder aus armen Familien, die mit Gelegenheitsarbeiten bereits etwas für den Unterhalt der Familie beisteuern mussten, fanden bei ihm eine willkommene Abwechslung und eine unbeschwerte Freizeitbeschäftigung. Die älteren Kinder konnten bald als Hilfslehrer arbeiten. — Und dann gelang es dem Skater sogar, den Präsidenten des Olympischen Komitees für ein Projekt zu gewinnen. Mit der Zustimmung der Behörden von Kabul konnte er einen richtigen Skaterpark bauen. Ein deutscher Bahnenbauer ist extra angereist und hat mit den Jugendlichen zusammen Profibahnen gebaut. Der Park ist zu einer grossen, überdachten Halle geworden, in der bereits 500 Kinder das Skaten lernen können. Und zur Zeit wird ein zweiter Skaterpark gebaut. — Wenn jemand einen Traum hat und ein echtes Bedürfnis von Menschen erfasst, dann ist auch in einem Krisengebiet eine wirksame, aufbauende Tätigkeit möglich.

Und bei uns, im friedlichen Europa? Es ist ein Phänomen, dass eine Zeit relativen Friedens und wirtschaftlicher Aufschwung allein nicht nur Gutes hervorbringen. Die vorhandenen Kräfte werden nie nur lebensförderlich genutzt. Der gute Wille, den Gott für diese Welt hat, wird immer auch unterwandert. Wie oft setzen Menschen ihre Begabungen und die Ressourcen dieser Welt für Dinge ein, die sich letztlich zerstörerisch auf das Leben auswirken.

Der Segen von Gott wird in der Gewissheit erfahren, dass er mich mein ganzes Leben hindurch begleitet. Diese Begleitung von Gott haben wir Nils heute in der Taufe zugesagt. In Ps. 23 heisst es: *Und ob ich schon wanderte im finstern Tal, ich fürchte kein Unglück, denn du bist bei mir... Güte und Gnade werden mir folgen alle meine Tage...* Wer zu dieser Gewissheit kommt, hat Grund zur Freude. Auch in schwierigen Zeiten verliert er oder sie nicht den Halt.

Wege gehen

Kurz vor seinem Tod hält Jesus seinen Jüngern eine Abschiedsrede:

> *4 Und wohin ich gehe — ihr wisst den Weg. 5 Thomas sagt zu ihm: Herr, wir wissen nicht, wohin du gehst. Wie können wir da den Weg kennen? 6 Jesus sagt zu ihm: Ich bin der Weg und die Wahrheit und das Leben; niemand kommt zum Vater, es sei denn durch mich. 7 Wenn ihr mich erkannt habt, werdet ihr auch meinen Vater erkennen. Von jetzt an kennt ihr ihn, ihr habt ihn gesehen. Joh. 14.4b-7*

Diese Stelle aus dem Johannesevangelium bringe ich gerne an Beerdigungen. Ich bringe sie deshalb gerne, weil sie auf die Frage eingeht: Woher sind wir Menschen gekommen? — Und wohin gehen wir, wenn wir diese sichtbare Welt verlassen? — Jesus weist uns darauf hin, dass wir von Gott her kommen. Und es ist unsere Aufgabe, in diesem Leben Gott zu suchen. Wer sich mit Jesus befasst, wer sich ihm zuwendet, der wird auch Stück um Stück erfahren, wer der unsichtbare Gott ist, von dem her wir kommen.

Die Abschiedsworte von Jesus vermögen mich auch immer wieder zu trösten. Wir Menschen leben nicht nur ein paar wenige Jahrzehnte auf dieser Welt — und vergehen dann wie die Blumen und das Gras. Wer sich Christus anvertraut und sein Leben mit ihm zusammen besteht, der lebt in einem grösseren Zusammenhang. Eine ganze unsichtbare Welt steht hinter ihm und trägt ihn. Der Weg in die Ewigkeit Gottes geht anscheinend über das Erkennen. Wer Christus erkennt, der bekommt Anteil an seiner lebendigen Wirklichkeit. Wer Christus vertraut, dem öffnen sich neue Wege, auf denen er gehen kann. Wer im Sinn und Geist Christi lebt, der nähert sich Gott.

Es sind innere Wege, die wir da gehen. Gott besser erkennen, mit ihm reden, ihm vertrauen lernen. Gott im eigenen Leben wirken lassen. Mitten in den Ereignissen und im eigenen Tun, in den Veränderungen, die möglich sind, das Wirken Gottes entdecken. So gehen Menschen innere Wege mit Gott. Und aus dem inneren Vertrauen, aus der Zugehörigkeit zu Christus, gehen Menschen auch neue äussere Wege. Und vielleicht gehen sie ihre Wege auch anders, kommt eine neue Qualität in ihr Denken und Tun.

Das Bild des Weges ist ein uraltes Symbol für Prozesse, für Veränderungen, die in Geist und Seele des Menschen ablaufen.

Die Vorfahren der Israeliten waren Nomaden. Sie waren immer unterwegs. Sie zogen mit ihren Herden von einem Weideplatz zum nächsten. Ihr Gott war deshalb ein Weg-Gott, ein Gott, der mit ihnen von einem Ort zum andern zog und sie dabei beschützte. Wenn Sie das Alte Testament lesen, dann merken sie bald, dass die Menschen, von denen berichtet wird, ständig unterwegs sind. Die Berufung des Stammvaters Abram geschieht, indem ihn Gott auf den Weg schickt: *Geh aus deinem Land und aus deiner Verwandtschaft und aus dem Haus deines Vaters in das Land, da ich dir zeigen werde. Ich will dich zu einem grossen Volk machen und will dich segnen und deinen Namen gross machen, und du wirst ein Segen sein. Gen. 12.1 f.* — Der grösste Teil der Geschichte Israels ist eine Geschichte unterwegs: Sie ziehen von Ägypten aus — wandern 40 Jahre lang durch die Wüste und kommen dann schliesslich ins Land Kanaan. Mose, der die Israeliten aus Ägypten führt, traut sich selber nicht zu, den Weg zu wissen. Vor dem Aufbruch bittet er deshalb Gott: *Sieh, du sagst zu mir: Führe dieses Volk hinauf! ... Wenn ich nun wirklich Gnade gefunden habe in deinen Augen, so lass mich deine Wege wissen, damit ich dich erkenne und Gnade finde in deinen Augen... Gott sprach: Mein Angesicht wird euch vorausgehen, und ich werde dir Ruhe verschaffen.* — Mose, der Volksführer, hat sich den Weg von Gott zeigen lassen. Er meinte nicht einfach zu wissen, was jetzt das Beste sei. Wer verantwortlich handeln will, muss sich vorher überlegen, wohin sein Weg wahrscheinlich führen wird. Wenn es ihm unmöglich ist abzuschätzen welcher Weg zu einem guten Ziel führt, muss er sich Rat holen und sich auch einmal führen lassen. Diese Tugend des Abwägens, des Fragens und Suchens scheint mir heute zu wenig hoch im Kurs zu sein. Vorsichtiger und umsichtiger handeln, uns auch einmal von Gott führen lassen, wenn wir vor einer Wegkreuzung stehen, das könnte zu besseren Ergebnissen führen, sei es privat oder in der weltweiten Politik und Wirtschaft.

Die Bibel berichtet uns von Wegen, die Menschen freiwillig gehen. Wege im Einklang mit Gott. Wege, die zu einem gelingenden Leben führen. Es wird uns aber auch von Menschen berichtet, die auf Abwege gerieten. Wege, die nicht Gottes Willen entsprochen haben. Und Wege, die Menschen unfreiwillig gehen mussten. Durch Vertreibung, Kriege und Hungersnöte wurden ihnen Wege aufgezwungen. So war der Weg der Israeliten im Land Kanaan nicht zu Ende. Viele wurden von den Assyrern in einem andern Gebiet angesiedelt, später siedelten die Babylonier einen grossen Teil des Volkes im Zweistromland an. Wege, die sie unfreiwillig gehen mussten. Bis heute ist es ein Skandal, dass wenige Mächtige Menschen vertreiben, um ihre Interessen durchzusetzen! Menschen müssen Wege ins Elend gehen — weil andere Erdöl, Bodenschätze oder strategisch wichtige Punkte besetzen wollen.

Neben diesen konkreten Wegen, welche die Israeliten gehen, sprechen die Autoren der Bibel auch immer wieder von Wegen im übertragenen Sinn: Es geht um den Lebenswandel der Menschen. So hat Mose den Israeliten den Weg gezeigt, auf dem sie gehen sollen und die Werke, die sie tun sollen. Denken Sie nur an die Zehn Gebote oder an die vielen Gesetze der Tora.

Auch in den Sprüchen wird vom Weg im übertragenen Sinn geredet: *Höre, mein Sohn und nimm meine Worte an, so wirst du viele Jahre leben. Den Weg der Weisheit habe ich dich gelehrt, ich habe dich auf geraden Bahnen geleitet. Spr 4.10 f.*

Das Leben ist heute nicht einfacher als früher. Mir scheint, dass wir Menschen heute noch mehr Möglichkeiten haben, um uns irgendwo zu verirren. Wege zu gehen, mit denen man sich selber und andern schadet. Deshalb brauchen wir auch heute Orientierung für unser Leben. Es lohnt sich, immer wieder innezuhalten, vielleicht an einem Sonntag, und sich zu fragen: Was tut mir selber gut? Wodurch fördere ich das Leben meiner Mitmenschen? Auf welchen Wegen trage ich zum Wohl der Gemeinschaft bei?

Wandern Sie gerne? Oder sind sie lieber zu Hause und richten sich dort gemütlich ein?

Im Haus sind wir bei uns selber. Wir befinden uns in einer vertrauten Umgebung, sind geborgen. Das Haus steht für Beständigkeit, Ruhe, Sicherheit. Wenn wir aber unser Haus verlassen, die Tür hinter uns schliessen und ins Freie gehen, dann brauchen wir Wege und Strassen, die uns zu andern Häusern, in weit entfernte Dörfer und Städte führen. Wege — heute auch Luftwege — erschliessen uns den äusseren Raum. Sie eröffnen uns neue Erfahrungen, lassen uns neue Städte und Landschaften erkunden. Sie öffnen uns den Horizont zu andern Kulturen. Und sie verbinden uns mit andern Menschen.

Sobald ich das Haus verlasse, begebe ich mich in einen öffentlichen Raum. Jeder kann sich auf einer Strasse oder auf einem Weg bewegen. Auf der Strasse treffen wir zufällig Bekannte, und wir begegnen auch vielen Menschen, die wir noch nie gesehen haben. Strassen verbinden Ortschaften miteinander. Und bei jeder Ortschaft, die wir erreichen, beginnt wieder eine nächste Strasse. Das Netz unserer Strassen scheint endlos zu sein. Und wen es in die Ferne zieht, der fliegt auf Luftstrassen auf andere Kontinente. Die Strasse hat keine Grenze. Schon Friedrich Schiller hat gesagt: „Jede Strasse führt ans Ende der Welt.“ Der Weg, die Strasse ist ein Symbol für die unendliche Ferne, für das ständige Unterwegssein.

Wichtig scheint mir, *wie* wir unterwegs sind. Erinnern Sie sich an eine Wanderung, die Sie unternommen haben. Ein Wanderweg passt sich der Landschaft an. Er ist uneben, windet sich in Kurven den Berg hinauf und wieder ins Tal hinunter. Er umgeht gefährliche Felspartien. Wenn wir wandern, müssen wir auf den Weg achten. Wir setzen unsere Füsse bewusst auf dem schmalen, felsigen Weg auf und suchen dabei Halt. Der Wanderer ist unterwegs, weil er die Natur wahrnehmen will, und weil es ihm gut tut, sich zu bewegen. Das Ziel ist nicht so wichtig. Die Welt um uns herum wahrnehmen, achtsam mit ihr umgehen, den Augenblick schätzen, uns Zeit nehmen, dies alles können wir beim Wandern lernen. Wer langsam und achtsam unterwegs ist, der verrennt sich nicht.

Anders ist es auf der Autobahn. Wir benutzen die Strasse, um möglichst schnell von einem Ort zu unserem Zielort zu kommen. Die Strasse lädt nicht zum Verweilen ein, sie treibt uns beständig vorwärts. Den Weg nehmen wir nur am Rande wahr. Der Zeitfaktor ist wichtig: Man will möglichst schnell sein Ziel erreichen. Die Strasse kennt nur eine Richtung: Nach vorn. Bei diesem hohen Tempo und auf der gerade angelegten Strasse fällt das Naturerlebnis weg.

Der Mensch ist Wanderer, Einkehrender und rastlos Reisender. Als Wanderer hat er Zeit. Er kann sich um seine Mitmenschen kümmern. Besonders beim Rasten, das sich eine wachsende Zahl von Menschen zu wenig erlaubt, kann der Mensch zu sich selber kommen, kann er wichtige Erkenntnisse gewinnen, kann sich sein Leben ordnen. Beim Rasten finden wir auch neue Orientierung für unsere weiteren Wege.

Wir sind immer unterwegs. Leben heisst sich verändern. Neues dazu lernen. Neue Erkenntnisse gewinnen. Reifen. Wir gehen äussere Wege: Wir wechseln den Wohnort, wir wechseln die Stelle, wir pflegen neue Freizeitbeschäftigungen, wir lernen neue Bekannte kennen. Und wir sind innerlich unterwegs: Wir machen uns Gedanken über das Leben. Wir sehen die Dinge heute anders als vor zehn, zwanzig oder fünfzig Jahren. Vielleicht sind Sie dabei gelassener geworden, vielleicht sogar hoffnungsvoller. Vielleicht aber auch skeptischer, nüchterner oder sogar enttäuscht. Wir gehen unsere inneren Wege in unseren Gedanken und Gefühlen. Diese inneren Wege sind natürlich auch geprägt von dem, was wir äusserlich erlebt haben. — Es lohnt sich, immer wieder einmal stehen zu bleiben. Sich im eigenen Leben umzusehen und zu schauen: Wie bin ich unterwegs? Führen mich die Wege, die ich gehe, zum Leben? Führen sie mich dorthin, wo ich eigentlich hin will? Oder führt mich mein Weg in eine Sackgasse? Komme ich an einen Punkt, an den ich eigentlich gar nicht kommen will?

Die Christen haben das Symbol des Weges aus dem Alten Testament übernommen. Ja, sie verstehen sich sogar grundsätzlich als Menschen, die unterwegs sind. Als solche, die hier auf der Erde keine bleibende Heimat haben, sondern die unterwegs sind zur Ewigkeit Gottes. Was könnte das für

Ihr Leben heissen, wenn Sie kein festes Haus hier auf der Erde haben, sondern nur ein leichtes Zelt? Wenn diese Welt, alles, was sie tun, nur provisorisch ist, ein Durchgang zur Ewigkeit? — Ich denke, dass anderes wichtig wird, dass sich die Akzente im Leben verschieben, wenn man es als einen Wanderweg in die Ewigkeit betrachtet.

Jesus ist in zweifacher Hinsicht der Weg für die Menschen, die ihm vertrauen: Zum einen hat er ihnen mit seinem Leben und Sterben in der unsichtbaren Welt einen Weg gebahnt. Wie man sich das vorstellen muss, bleibt ein Geheimnis. Durch das Leben und Sterben von Christus haben wir Menschen die Chance Gott zu spüren, ihm nahe zu sein, mit ihm in Verbindung zu treten. Dann ist Jesus auch im Sinne eines Vorbildes punkto Menschlichkeit ein Weg. Er hat seinen Freunden und Freundinnen vorgelebt, wie ein Leben im Geist der Liebe aussehen kann. Wer sich daran orientiert und danach handelt, der geht auf dem Weg Christi. Im Gehen dieses Weges machen Menschen Erfahrungen mit Gott und erkennen so, wer er ist, wie er handelt. Der Glaube kann nicht vom Schreibtisch aus angeeignet werden. Er ist keine Lehre und kein Dogma, das es zu übernehmen gilt. Nein, der Glaube eines Menschen *wird* erst am Weg, den er in der Hoffnung auf Gott geht. — Gott erkennen ist Leben, heisst es bei Johannes. Wer Gott in der Person Jesus erkannt hat, der hat die Wahrheit erkannt und kommt dadurch zum Leben. Weil Jesus den Menschen zeigt, wer Gott ist und wie Gott handelt, ist er der Weg zu Gott. Er verbindet durch sein Leben die Menschen mit dem unsichtbaren Gott.

Ich wünsche Ihnen, dass Sie sich Zeit nehmen, um zu rasten und darauf zu achten, welche Wege für Sie jetzt sinnvoll sind, welche Wege Sie zu den Zielen führen, die Sie erreichen wollen. Ich wünsche Ihnen den Mut, immer neue Wege zu gehen. Und ich wünsche Ihnen, dass Sie Christus als Weg zu einem erfüllten Leben immer neu entdecken können.

Überwindung der Todesgrenzen

Die Auferweckung des Lazarus

1 Es war aber einer krank, Lazarus aus Betanien, aus
dem Dorf der Maria und ihrer Schwester Marta.
2 Maria war die, welche dann den Herrn mit Öl salbte
und seine Füsse mit ihren Haaren trocknete; ihr
Bruder Lazarus war krank. 3 Da sandten die
Schwestern zu ihm und liessen sagen: Herr, der, den
du lieb hast, ist krank. 4 Als Jesus das hörte, sprach
er: Diese Krankheit führt nicht zum Tod, sondern dient
der Verherrlichung Gottes; durch sie soll der Sohn
Gottes verherrlicht werden. 5 Jesus liebte Marta und
ihre Schwester und Lazarus. 6 Als er nun hörte, dass
dieser krank sei, blieb er noch zwei Tage an dem Ort,
wo er war. 7 Danach, als diese Zeit vorüber war, sagt
er zu den Jüngern: Lasst uns wieder nach Judäa
gehen! 8 Die Jünger sagen zu ihm: Rabbi, eben noch
wollten die Juden dich steinigen, und du gehst wieder
dorthin? 9 Jesus antwortete: Hat der Tag nicht zwölf
Stunden? Wer bei Tag umhergeht, stösst nicht an, weil
er das Licht dieser Welt sieht. 10 Wer aber bei Nacht
umhergeht, stösst an, weil das Licht nicht in ihm ist.
11 Dies sprach er, und dann sagt er zu ihnen: Lazarus,
unser Freund, schläft; aber ich gehe, um ihn
aufzuwecken. 12 Da sagten die Jünger zu ihm: Herr,
wenn er schläft, wird er gerettet werden. 13 Jesus aber
hatte von seinem Tod gesprochen. Sie jedoch meinten,
er rede von der Ruhe des Schlafes. 14 Darauf sagte
ihnen Jesus offen heraus: Lazarus ist gestorben.
15 Und ich freue mich für euch, dass ich nicht dort
gewesen bin, damit ihr zum Glauben kommt. Aber lasst
uns zu ihm gehen! 16 Da sagte Thomas, der Didymus

genannt wird, zu seinen Mitjüngern: Lasst uns auch
hingehen, um mit ihm zu sterben. 17 Als Jesus dort
eintraf, fand er ihn schon vier Tage im Grab.
18 Betanien aber war nahe bei Jerusalem, etwa
fünfzehn Stadien entfernt. 19 Viele Juden waren zu
Marta und Maria gekommen, um sie wegen ihres
Bruders zu trösten. 20 Marta nun, als sie hörte, dass
Jesus komme, ging ihm entgegen. Maria aber sass zu
Hause. 21 Da sagte Marta zu Jesus: Herr, wärst du
hier gewesen, so wäre mein Bruder nicht gestorben.
22 Aber auch jetzt weiss ich: Alles, was du von Gott
erbitten wirst, wird Gott dir geben. 23 Jesus sagt zu
ihr: Dein Bruder wird auferstehen. 24 Marta sagt zu
ihm: Ich weiss, dass er auferstehen wird in der
Auferstehung am Jüngsten Tag. 25 Jesus sagte zu ihr:
Ich bin die Auferstehung und das Leben. Wer an mich
glaubt, wird leben, auch wenn er stirbt, 26 und jeder,
der lebt und an mich glaubt, wird in Ewigkeit nicht
sterben. Glaubst du das? 27 Sie sagt zu ihm: Ja, Herr,
jetzt glaube ich, dass du der Christus bist, der Sohn
Gottes, der in die Welt kommt. 28 Und als sie dies
gesagt hatte, ging sie fort und rief Maria, ihre
Schwester, und sagte heimlich zu ihr: Der Meister ist
da und ruft dich. 29 Jene aber, als sie das hörte, stand
rasch auf und ging zu ihm. 30 Jesus war noch nicht ins
Dorf gekommen, sondern befand sich noch an dem
Ort, wo Marta ihm begegnet war. 31 Als nun die
Juden, die bei ihr im Haus waren und sie trösteten,
sahen, dass Maria rasch aufstand und hinausging,
folgten sie ihr, weil sie meinten, sie gehe zum Grab,
um dort zu weinen. 32 Maria nun, als sie dorthin kam,
wo Jesus war, und ihn sah, warf sich ihm zu Füssen
und sagte zu ihm: Herr, wärst du hier gewesen, so

wäre mein Bruder nicht gestorben. 33 Als Jesus nun sah, wie sie weinte und wie auch die Juden, die mit ihr gekommen waren, weinten, war er im Innersten empört und erschüttert 34 und sprach: Wo habt ihr ihn hingelegt? Sie sagen zu ihm: Herr, komm und sieh! 35 Jesus weinte. 36 Da sagten die Juden: Seht, wie lieb er ihn gehabt hat! 37 Einige von ihnen aber sagten: Konnte er, der dem Blinden die Augen aufgetan hat, nicht auch machen, dass dieser nicht stirbt? 38 Jesus nun, von neuem zutiefst empört, kommt zum Grab. Es war eine Höhle, und davor lag ein Stein. 39 Jesus spricht: Nehmt den Stein weg! Marta, die Schwester des Verstorbenen, sagt zu ihm: Herr, er stinkt schon, denn er ist vier Tage tot. 40 Jesus sagt zu ihr: Habe ich dir nicht gesagt: Wenn du glaubst, wirst du die Herrlichkeit Gottes sehen? 41 Da nahmen sie den Stein weg. Jesus aber hob seine Augen auf und sprach: Vater, ich danke dir, dass du mich erhört hast. 42 Ich wusste, dass du mich allezeit erhörst, jedoch um des Volkes willen, das da ringsum steht, habe ich es gesagt, damit sie glauben, dass du mich gesandt hast. 43 Und als er dies gesagt hatte, rief er mit lauter Stimme: Lazarus, komm heraus! 44 Der Tote kam heraus; seine Füsse und Hände waren mit Binden umwickelt, und sein Gesicht war mit einem Schweisstuch bedeckt. Jesus sagt zu ihnen: Befreit ihn und lasst ihn gehen! Joh. 11.1-44

In der Geschichte rund um Lazarus ist etwas los! — Da geht es um Tod und Leben. Die Freunde von Jesus und viele Menschen in den Dörfern haben gewusst, dass er immer wieder jemanden geheilt hat. Marta und Maria lassen Jesus darum auch rufen, als Lazarus krank ist. Sie sind überzeugt, dass er ihn wieder gesund machen kann. Doch dann geschieht etwas Unerwartetes: Ihr Bruder stirbt, ehe Jesus bei ihnen ankommt.

Johannes schildert uns, wieso Jesus Menschen geheilt hat: Er will die Zeit vor seinem gewaltsamen Tod noch ausnutzen, um zu wirken. Solange es Tag ist, solange sie ihn nicht festnehmen, kann er noch etwas tun. Solange er in dieser Welt ist, ist es Tag: *Wir müssen die Werke dessen wirken, der mich gesandt hat, solange es Tag ist. Es kommt die Nacht, da niemand wirken kann. Solange ich in der Welt bin, bin ich das Licht der Welt. Joh. 9.4 f.* — Die Frage sei erlaubt: Meint Jesus hier seinen physischen Tod? Dann würden wir jetzt gerade in dieser Nacht leben, in der niemand wirken kann.

Die Erzählung erhält für mich zwei Höhepunkte: Einen theologischen und einen erzählerischen. Der theologische steht in den Versen 19-27. Jesus spricht Marta, die ihn ja früher schon einmal bei sich beherbergt hatte, auf ihren Glauben an. Marta traut ihm zu, dass er ihren Bruder sofort geheilt hätte. Und sie traut ihm noch mehr zu. Deutet sie in Vers 22 an, dass Jesus Lazarus wieder zum Leben erwecken wird? Er jedenfalls bestätigt ihr: Dein Bruder wird auferstehen. Sie deutet diesen Hinweis als Auferstehung in der Zukunft. Die Juden, die bei den Schwestern gewesen sind, könnten Pharisäer gewesen sein, die an die Auferstehung aller Toten glaubten. Marta hätte deren Auffassung übernommen: Wenn das Ende der Welt kommt, am Jüngsten Tag, bei der Erlösung, wird auch ihr Bruder zu neuem Leben erweckt werden. — Jetzt kommt das völlig Neue und Überraschende: Jesus sagt zu ihr: *Ich bin die Auferstehung und das Leben. Wer an mich glaubt, wird leben, auch wenn er stirbt, und jeder, der lebt und an mich glaubt, wird in Ewigkeit nicht sterben. Joh. 11.25-26a.* — Die Auferstehung — nicht erst in ferner Zukunft, sondern im Hier und Heute! Die Auferstehung ist aber nichts Abstraktes. Es gibt sie nicht allgemein. Sondern sie ist mit der Person von Jesus untrennbar verbunden: *Ich bin die Auferstehung und das Leben. Joh. 11.25.* Wer eine Verbindung zu Jesus eingeht, wer ihm vertraut, der erfährt ein Leben von neuer Qualität.

Es eröffnen sich ihm — wenn auch erst bruchstückhaft, Räume bei Gott. In der Beziehung zu Jesus empfängt und erfährt der Mensch, was wir Heil nennen: Die Rückkehr zu Gott und damit Anteil am Ewigen Leben. In diesem natürlichen, vergänglichen Erdenleben, in Raum und Zeit, sind und bleiben wir natürlich dem Vergehen und dem körperlichen Sterben ausgeliefert — aber, jetzt kommt das grosse Aber: Im Glauben empfangen Menschen bereits zu Lebzeiten ein Leben von anderer Qualität. In der Beziehung zu Gott werden sie bereits in die Ewigkeit aufgenommen. In einem Kirchenlied heisst es: Mitten im Leben sind wir vom Tode umfangen. Luther konnte diese Verse umdichten: Mitten im Tod sind wir vom Leben umfangen. — Genau das will die Lazarus Geschichte sagen. Lazarus ist zwanzig, dreissig oder vierzig Jahre später trotzdem noch gestorben. Aber eben nur sein vergängliches, biologisches Leben ging zu Ende. Sein Wesen ist in die unvergängliche Welt von Gott eingegangen. In eine Dimension, die sich wohl die wenigsten Menschen vorstellen können.

Im Glauben an Jesus liegt das Ewige Leben. Das zeigt, dass mit „Tod“ mehr gemeint ist, als das biologische Sterben. Tot ist ein Mensch auch, wenn er die innere Verbindung zu Gott verloren hat. Wenn er sozusagen von der Liebe und der Schöpferkraft abgeschnitten ist. Es geht darum, dass wir uns das lebensschaffende, erneuernde, schöpferische Wort nicht selber geben können. Wir können es nur erbitten und erwarten von dem, der die Quelle allen Lebens ist. — Ich wage zu sagen, dass es in jedem Menschenleben tote Bereiche gibt. Beziehungen, die abgebrochen worden sind. Gefühle, die verdrängt werden und nicht mehr leben dürfen. Begabungen, die brach liegen und nie entdeckt werden. — Vielleicht hat der eine und die andere von ihnen schon erlebt, dass tote Lebensbereiche mit neuer Lebenskraft versorgt worden sind. Es ist dann, wie wenn auf eine scheinbar tote, ausgedörrte Wüste ein langer Frühjahrsregen fällt. Plötzlich wachsen da die verschiedensten Pflanzen. Längst vergessene Gefühle, Wünsche und Begabungen leben in einem Menschen auf. Er oder sie blüht innerlich und äusserlich auf. — Die Geschichte von Lazarus zeigt mir auch: Es gibt ein Leben vor dem Tod! — Nicht nur ein Leben nach dem Tod.

Der erzählerische Höhepunkt der Geschichte beginnt in Vers 38. Jesus begibt sich zum Grab, in die Todeszone. Er empört sich über die Tatsache, dass Lazarus sterben musste — und er findet sich damit nicht ab.

Offensichtlich arbeitet er in seinem Geist. Jesus muss aber Gott nichts abringen. Er manipuliert auch nicht die Materie, er arbeitet nicht wie ein Magier, sondern er tut zu jeder Zeit in Verbindung mit Gott und aus seiner Schöpferkraft heraus das Gute. Noch bevor etwas geschieht, weiss er, dass Gott ihn erhört hat. — Das Wunder, das da am Toten geschieht, ist wie ein Fenster in die unsichtbare Ewigkeit, in welcher der unergründliche Gott wirkt. In der sichtbaren Welt wird Lazarus schlicht über eine Grenze geholt. Er hat die Grenze zwischen Leben und Tod bereits überschritten — und wird zurückgeholt. Die Geschichte zeigt dem Leser aber noch viel grössere Wunder und die Überwindung von noch viel grösseren Grenzen auf: Der Mensch, der aus irgendeinem Grund von Gott getrennt lebt und darum sterben muss, kann sich wieder mit Gott verbinden. Durch die Verbindung zu Jesus wird er erst eigentlich lebendig. Die göttliche Kraft, aus der Jesus wirkt, ist stärker als der Tod. Wer an Jesus glaubt, der bekommt Anteil an dieser Auferstehungskraft. Der Leser erfährt: Das Wunder der Auferweckung, das an Lazarus geschah, das geschieht im Glauben auch mir. Und es ist bereits jetzt spürbar und erfahrbar im alltäglichen Leben, damit ich ein wirkliches Leben vor dem Tod habe: *Wer an mich glaubt, wird leben, auch wenn er stirbt. Joh. 11.25* — Die Auferweckung des Lazarus ist ein Bild dafür, was an Menschen geschieht, wenn sie den Glauben an Gott entdecken: Sie werden von ihm beim Namen gerufen, stehen auf, und gehen verändert in ihr Leben zurück.

Und dann geht es auch um die Identität von Jesus. Er ist nicht nur ein Heiler — nein, er ist ein Gesandter aus der Ewigkeit Gottes. Johannes berichtet im ersten Kapitel seines Evangeliums, dass Jesus bereits bei der Schöpfung zugegen war, und dann von Gott als Retter in diese Welt gesandt wurde. Wie könnte er sonst sagen?: *Ich bin die Auferstehung und das Leben. Joh. 11.25*

Macht Jesu Leiden Sinn?

Die Liebe

Wie mich der Vater geliebt hat, so habe ich euch geliebt. Bleibt in meiner Liebe! Joh. 15.9

Niemand hat grössere Liebe als wer sein Leben einsetzt für seine Freunde. Joh. 15.13

Jesus bleibt der Liebe treu

Jesus hat sein Leben auf dieser Welt als einen Dienst an den Menschen verstanden. Er hat es in enger Gemeinschaft mit Gott gelebt. Im Gebet hat er immer wieder erfahren, was Gottes Wille für sein Leben ist. In der Liebe zu Gott hat er seinen Auftrag bis zuletzt erfüllt.

Selbstlos hat er den Menschen, die ihm begegnet sind, gedient. Er hat immer wieder Einzelnen gezeigt, dass diese Welt nicht nur fern von Gott ist. Es besteht eine Verbindung zwischen den Menschen, ihren täglichen Nöten und Wünschen und der Welt Gottes. In manche Not, in manches Dunkel hat Jesus darum Trost und Hilfe gebracht. Kranke Menschen haben erlebt, dass sie gesund wurden. Menschen, die in einer Gewissensnot waren, hat Jesus Vergebung ihrer Schuld zugesprochen. Einige, die am Rande der Gesellschaft standen und verachtet wurden, hat er in die Mitte geholt. Und manch ein Verzweifelter und eine Verzweifelte hat aus seinen Worten und aus der Begegnung mit ihm neue Hoffnung geschöpft.

Jesus hat die selbstlose Liebe Gottes gelebt. So viel Liebe und Licht haben aber die Menschen nicht ertragen. Die religiösen Oberen haben um ihre Macht gefürchtet. Jesus war so beliebt beim Volk, dass er ihnen gefährlich geworden war. Und auch viele Menschen aus dem Volk haben seine Botschaft nicht verstanden. Mit unserem menschlichen Verstand lässt sich seine Botschaft auch nicht so einfach erfassen.

Jesus bleibt seinem Weg treu — auch wenn er Anfeindungen ertragen muss. Er rettet sich nicht. Er flieht nicht, als er weiss, dass ihn die Hohepriester und Ältesten bald gefangen nehmen werden. Er lässt es zu, dass die Menschen sein göttliches Wirken nicht aushalten und ihn darum töten wollen. Darin liegt seine Kraft. Er bleibt der Liebe treu. Er liebt seine Freunde bis zuletzt. Und dadurch überwindet seine Liebeskraft die Anfeindungen und die Feindschaft der Menschen.

> *9 Wie mich der Vater geliebt hat, so habe ich euch*
> *geliebt. Bleibt in meiner Liebe! 10 Wenn ihr meine*
> *Gebote haltet, werdet ihr in meiner Liebe bleiben, so*
> *wie ich die Gebote meines Vaters gehalten habe und in*
> *seiner Liebe bleibe. 11 Das habe ich euch gesagt,*
> *damit meine Freude in euch sei und eure Freude*
> *vollkommen werde. 12 Das ist mein Gebot: Dass ihr*
> *einander liebt, wie ich euch geliebt habe. 13 Niemand*
> *hat grössere Liebe als wer sein Leben einsetzt für seine*
> *Freunde. 14 Ihr seid meine Freunde, wenn ihr tut, was*
> *ich euch gebiete. 15 Ich nenne euch nicht mehr*
> *Knechte, denn der Knecht weiss nicht, was sein Herr*
> *tut. Euch aber habe ich Freunde genannt, weil ich*
> *euch alles kundgetan habe, was ich von meinem Vater*
> *gehört habe. 16 Nicht ihr habt mich erwählt, sondern*
> *ich habe euch erwählt und dazu bestimmt, dass ihr*
> *euch aufmacht und Frucht bringt und dass eure Frucht*
> *bleibt, damit euch der Vater gibt, worum ihr ihn in*
> *meinem Namen bittet. 17 Dies gebiete ich euch: dass*
> *ihr einander liebt. Joh. 15.9-17*

In welchen Gedanken, Worten und Taten lebe ich aus der Liebeskraft Gottes? Gelingt es mir, hier und dort Gutes zu tun — auch wenn ich dabei auf Widerstand stosse und Schwieriges erlebe? Kenne ich Menschen, die auch in schwierigen Situationen für andere da sind?

Der Tod Jesu

33 Und zur sechsten Stunde kam eine Finsternis über
das ganze Land bis zur neunten Stunde. 34 Und in der
neunten Stunde schrie Jesus mit lauter Stimme: ***Eloi,***
eloi, lema sabachtani!*, das heisst:* ***Mein Gott, mein***
Gott, warum hast du mich verlassen! *35 Und einige*
von denen, die dabeistanden und es hörten, sagten:
Hört, er ruft nach Elija! 36 Da lief einer hin, tränkte
einen Schwamm mit Essig, steckte ihn auf ein Rohr und
gab ihm zu trinken, und er sagte: Lasst mich, wir
wollen sehen, ob Elija kommt und ihn herabnimmt.
37 Da stiess Jesus einen lauten Schrei aus und
verschied. 38 Und der Vorhang im Tempel riss entzwei
von oben bis unten. 39 Als aber der Hauptmann, der
ihm gegenüberstand, ihn so sterben sah, sagte er: Ja,
dieser Mensch war wirklich Gottes Sohn! 40 Es waren
aber auch Frauen da, die von ferne zuschauten, unter
ihnen Maria aus Magdala und Maria, die Mutter des
Jakobus des Kleinen und des Jose, und Salome, 41 die
ihm gefolgt waren und ihn unterstützt hatten, als er in
Galiläa war, und noch viele andere Frauen, die mit
ihm nach Jerusalem hinaufgezogen waren.
Mk. 15.33-41

Der Vorhang im Tempel riss entzwei

Wenn beim Tod von Jesus nichts geschehen wäre, ausser dass ein weiterer Mensch gewaltsam ums Leben kommt, dann könnten wir heute wirklich nur klagen. — Aber der Tod von Jesus bewirkt in der unsichtbaren Welt etwas. Er bewirkt sogar Entscheidendes und leitet eine neue Epoche für die Menschen ein. Indem Jesus der Liebe treu bleibt, sodass er sogar seine Gegner liebt, vollendet er sein Lebenswerk. Er lässt sich durch seine Feinde nicht dazu verleiten, selber aus der göttlichen Liebe herauszufallen, böse zu werden und dadurch die Liebe zu verraten. Er bleibt Gott treu. — Darum liegt in seinem Leben und Sterben eine gewaltige Kraft. Darum geschieht in der unsichtbaren Welt Gottes etwas Entscheidendes: Das Böse wird überwunden, weil Jesus ihm standgehalten hat, weil er selber in der göttlichen Liebe geblieben ist. Darin liegt das Geheimnis seines Sterbens. Darum ist durch Jesu Lebensvollzug eine gewaltige Kraft freigeworden. Die Evangelisten berichten alle, dass diese Kraft ausgereicht hat, um allen Menschen den Zugang zurück zu Gott zu ermöglichen.

Der Tod von Jesus hat eine Bedeutung für die ganze sichtbare und auch für die unsichtbare Welt, aus der die sichtbare Welt hervorgegangen ist. — Markus berichtet, dass der Vorhang im Tempel von oben bis unten zerreisst. Wofür steht dieses Bild? Um das Bild zu verstehen, muss man wissen, dass es im jüdischen Tempel mehrere Bezirke gab. Der innerste Bezirk hiess das Allerheiligste. Er war von den andern Bezirken durch einen Vorhang getrennt. Nach altjüdischem Glauben hat sich die Herrlichkeit von Gott in diesem Allerheiligsten niedergelassen. Es ist also der Raum, in dem Gott wohnt. Kein Mensch, auch nicht die Priester, durften dieses Allerheiligste betreten. Nur einmal im Jahr ging der Hohepriester in diesen heiligsten Raum, um für alle Vergehen des Volkes um Vergebung zu bitten. — In der Bibel lesen wir, wie Gott Aaron, Moses Bruder, beauftragt, einmal im Jahr in diesem Allerheiligsten Tiere zu opfern, um sich selber und das Volk von aller Schuld zu entsühnen und so wieder einen Zugang zu Gott zu haben. 2. Mose 30.10. Das Bild vom Vorhang im Tempel, der zerreisst, bedeutet also: Es gibt keine Trennung mehr zwischen Gott und den Menschen. Jetzt ist der Weg zu Gott für Alle frei. — Auch Schuld kann die Menschen nicht mehr von ihm trennen. Dies ist die unsichtbare Wirklichkeit, die Gott mitten im Zerbruch und Tod von Jesus geschaffen hat.

Die Grablegung
42 Und schon war es Abend geworden — es war
nämlich Rüsttag, das ist der Tag vor dem Sabbat —,
43 da kam Josef von Arimatäa, ein angesehener
Ratsherr, der selbst auch auf das Reich Gottes wartete,
wagte es, ging zu Pilatus hinein und bat um den
Leichnam Jesu. 44 Pilatus aber wunderte sich, dass er
bereits gestorben sei. Er liess den Hauptmann zu sich
rufen und fragte ihn, ob er schon lange tot sei. 45 Und
als er es vom Hauptmann erfahren hatte, überliess er
Josef den Leichnam. 46 Dieser kaufte ein Leinentuch,
nahm ihn herab, wickelte ihn in das Tuch und legte ihn
in ein Grab, das aus einem Felsen gehauen war, und
wälzte einen Stein vor den Eingang des Grabes.
47 Maria aus Magdala aber und Maria, die Mutter des
Joses sahen, wohin er gelegt worden war.
Mk. 15.42-47

Ein ordentliches Begräbnis

Ein angesehener Mann sorgt dafür, dass Jesus richtig beerdigt wird. Joseph von Arimathäa legt den toten Jesus in ein Felsengrab. Jetzt kommt eine Zeit der Ruhe.

Für uns Menschen ist das auch das Letzte, was wir von unsern Verstorbenen wirklich wissen: Wir bestatten sie, legen, was von ihnen übrig bleibt, in ein Grab. — Die Geschichte von Jesus wäre hier fertig, wenn man nur auf das Sichtbare schaute. — Er wäre dann einfach ein Vorbild. Ein Mensch, der Gutes gewollt hat, und einen gewaltsamen Tod gestorben ist.

Jetzt kommen wir in den Bereich des Glaubens. Der Apostel Paulus sagt, dass Gott diese sichtbare Welt erschaffen hat, und dass es ihm darum auch möglich war, eine grössere, unsichtbare Welt zu schaffen. Die sichtbare Welt ist auf geheimnisvolle Weise mit der unsichtbaren verbunden. Wenn wir hier vergehen, erschafft uns Gott neu in einer andern Dimension, die unseren Sinnen unzugänglich ist. So erklärt es jedenfalls Paulus. Wir Menschen sind irdische Menschen. Wir leben als biologische Körper auf dieser Erde, und irgendeinmal vergehen wir wieder. — Aber der Tod ist nicht das Ende, sagt Paulus. Es ist, wie wenn ein Weizenkorn in die dunkle, warme Erde gelegt wird. Das Korn verfault darin. Aber es trägt in sich alle Informationen, die es braucht, um eine Weizenpflanze zu werden. — Wenn ein Mensch stirbt, dann bleibt er nicht für immer in der Erde. Sondern aus dem vergänglichen Leben wird etwas Grösseres. Zwar nicht auf dieser Welt, aber in der unsichtbaren Welt Gottes. Dies ist unsere Hoffnung: Jesus ist ganz gestorben und wurde begraben. Aber das war nicht das Ende.

Jesus als Sühnopfer — wie kann man diesen Ausdruck verstehen?

Die alten Israeliten wussten, dass sie in ihrem Leben immer wieder Schuld auf sich laden. Diese Schuld wurde in verschiedenen Opferriten durch das Blut von Tieren immer neu gesühnt.

Sehr anschaulich ist der Reinigungsritus mittels eines Sündenbockes. Man übertrug dem Bock alle Sünden, welche die menschliche Gemeinschaft begangen hatte durch Handauflegung. Dann jagte man ihn in die Wüste hinaus zum Wüstendämon Asasel.

> *Und Aaron soll über die beiden Böcke Lose werfen, ein Los für den Herrn und ein Los für Asasel. Und Aaron soll den Bock, auf den das Los für den Herrn gefallen ist, darbringen, als Sündopfer soll er ihn darbringen. Den Bock aber, auf den das Los für Asasel gefallen ist, soll lebend vor den Herrn gestellt werden, damit man über ihm die Sühnehandlung vollziehe und ihn zu Asasel in die Wüste treibe. 3. Mose 16.8-10*

Im Alten Testament wird berichtet, dass Gott so überwältigend anders und heilig ist, dass kein Mensch ihn sehen und dabei am Leben bleiben kann.

> *Und der Herr sprach zu Mose: Sage deinem Bruder Aaron, dass er nicht zu jeder Zeit in das Heiligtum gehen darf, hinter den Vorhang vor die Deckplatte auf der Lade. Sonst muss er sterben. Denn ich erscheine in der Wolke über der Deckplatte. 3. Mose 16.2*

Bevor Mose am Berg Sinai die Zehn Gebote erhält, spricht Gott zu ihm: *Zieh eine Grenze rings um das Volk, und sprich: Hütet euch, auf den Berg hinaufzusteigen oder auch nur seinen Saum zu berühren. Jeder, der den Berg berührt, muss getötet werden. 2. Mose 19.12*

Rede vom Opfertod Jesu im Neuen Testament

Zur Zeit der Entstehung des Neuen Testaments brachten die Juden ihre Opfer im Tempel in Jerusalem dar, auch bei den Griechen gehörten Tieropfer für die Götter zum Alltag. Das Neue Testament ist deshalb von der Vorstellungswelt des Opfers und Opferkultes durchdrungen.

Im Hebräerbrief wird der Kreuzestod von Jesus als das endgültige und fehllose Selbstopfer verstanden, *Hebr. 9.14*. Als Hohepriester hat Christus ein für allemal, *Hebr. 9.12*, und auf vollkommene Weise das priesterliche Werk vollzogen, das Gott will, und den Opferkult des Tempels damit überflüssig gemacht, *Hebr. 10.1-18*.

Die Funktion, welche der Priester mit dem Darbringen der Opfer übernahm, nämlich die Menschen von ihrer Schuld zu reinigen, damit sie wieder Zugang zu Gott haben, hat Christus mit seinem Leben und Sterben übernommen! In Mk. 14.24 und Lk. 22.20 heisst es, dass Christi Blut *für viele* bzw. *für euch* vergossen wird. Daher ist der Tempelkult nicht mehr nötig. Die meisten Christen nahmen auch nicht mehr am Tempelkult teil. 70 n. Chr., mit der Zerstörung des Tempels in Jerusalem, hat der Opferkult auch im Judentum aufgehört.

Wenn im Neuen Testament die Sprache, das Bild vom Opfer verwendet wird, heisst das aber noch nicht, dass der Tod Jesu mit einem Opfertod im rituellen Sinn gleichzusetzen ist! Das Ganze muss theologisch bewertet werden! Die Christen haben die Kreuzigung nicht als einen blutigen, rituellen Akt verstanden. Aber sie haben die Heilsbedeutung am besten mit dem Bild des Opfers beschreiben und erklären können. Sie waren überzeugt, dass in Christus ihr Heil liegt, und dass sie keinen Opferkult mehr brauchen. Sie glaubten, dass mit Jesus etwas ganz und gar Neues in diese Welt gekommen sei — ihre Errettung und Erlösung!

Es ist nicht eine Tat von Jesus, die Rettung bewirkt. Der neue Bund, den Christus mit den Menschen schliesst, liegt in der Beziehung zu seiner Person.

Am Tod von Jesus kann man das Heilshandeln Gottes sehen. Allerdings muss man dazu den grösseren Zusammenhang beachten. Erst die Verbindung von Tod und Auferstehung gibt uns eine Vorstellung darüber, dass Gott sich mit Jesus verbündet hat. Sogar durch seinen Tod hindurch ist der Vater dem Sohn treu geblieben. — In dieser Treue Gottes, in seinem Auferstehungshandeln, liegt unsere Hoffnung begründet. So, wie Gott an Jesus gehandelt hat, so wird er auch an uns handeln. Was Gott für Jesus getan hat, das hat er auch für jeden Menschen getan.

Anselm von Canterbury (1033 – 1109)

Ihm ging es darum, Menschen, die nicht glauben, logisch schlüssig zu zeigen, weshalb Gott Mensch werden und Christus am Kreuz sterben *musste.* In *cur deus homo* (warum Gott Mensch wurde) entfaltet er seine Satisfaktionslehre. Er stützt sich dabei auf germanisches Rechtsdenken, demgemäss zur Sühne für Untaten eine Strafe oder Bussleistung nötig ist. Anselm denkt Gott als einen König, der einen Staat beherrscht. Die Sünde der Menschen ist Majestätsbeleidigung und Verletzung der Ehre Gottes, die unbedingt wieder hergestellt werden muss. Durch die Sünde wird auch die auf Gerechtigkeit basierende Weltordnung verletzt. Sie kann durch Strafe der Menschen oder durch Genugtuung (satisfactio) wiederhergestellt werden. Gott ist es sich selbst schuldig, seine Ehrverletzung zu bestrafen oder sühnen zu lassen, sonst verliert er als König sein Gesicht. Gott steht also unter einem Rollenzwang bzw. unter dem Zwang einer höheren Rechtsordnung, die unbedingt aufrechterhalten werden muss. Er wendet die Strafe aber nicht an, weil sie die Menschheit vernichten würde. Wenn aber menschliche Schuld nicht durch Strafe gesühnt wird, dann ist eine Genugtuung fällig. Diese können die Menschen aber nicht leisten, weil sie viel zu gross wäre. Da einerseits nur Gott sie leisten kann, und andererseits der Mensch sie leisten müsste, muss Gott Mensch werden, um die Schuld abzuzahlen. Der Mensch Jesus allein kann Gott die nötige Genugtuung leisten, auf dass er umgestimmt und versöhnt werde. — Die Satisfaktionslehre von Anselm fand jedoch kaum Zustimmung.

Auch ich bin der Meinung, dass es keinen Sinn macht, eine höhere Rechtsordnung über Gott anzunehmen, die er einhalten müsste. Oder von einem zornigen Gott zu reden, der durch ein Opfer versöhnt werden muss. Wenn Gott zornig gewesen wäre, hätte er Jesus nicht als Boten zu uns gesandt. Gott muss bereits bei sich beschlossen haben, die Menschen wieder zu sich zurück zu bringen, wieder Gemeinschaft mit ihnen zu haben, als er Jesus sandte. Die Menschen auf Gott hinweisen, sie wieder vertraut machen mit ihm, das war ja die Mission von Jesus. Sein Wirken auf dieser Welt ist bereits Ausdruck der Liebe Gottes zu den Menschen.

Gerechtigkeit schaffen: Wir können nicht genau wissen, wie unser Leben beurteilt wird. In der Bibel lesen wir oft von gerechtem Lohn, von Lohn und Strafe. Wer Gutes getan hat, empfängt seinen Lohn, wer Böses verübt hat, wird dafür bestraft. Aber ist das so? Auf dieser Welt gibt es beides: Menschen, die sich übel verhalten und dafür bestraft werden und Menschen, die im grossen Stil Schlechtes tun und keine negativen Konsequenzen tragen müssen. Menschen, die viel Gutes tun, und die ein schweres Schicksal erleiden, Helfer, die umgebracht werden. Menschen, die Gutes tun, und denen es dabei gut geht. — Meiner Meinung nach spielen auf dieser Welt noch viele andere Kräfte, nicht nur Gott, mit: Menschen mit ihrem Willen und ihren Taten, die Gene, der Zufall. —

Aus meiner Sicht geht es bei Gott nicht so sehr um Gerechtigkeit, sondern vielmehr um Rettung. Gott will verlorene Menschen retten. Er will aus verirrten, kranken Menschen solche machen, die in seiner Nähe und in seinem Sinn und Geist leben. Er will, dass die Menschen wieder mit ihm und aus ihm leben. Jesus hat ja gerade viele Menschen, die Schuld auf sich geladen hatten, zu sich gerufen und ihnen ein Leben mit Gott ermöglicht.

Was leistet ein Opfer eigentlich?

Ein Opfer ist eine symbolische Handlung, die im Rahmen eines Religionssystems eine besondere Bedeutung und Funktion bekommt. Vor allem in der Priesterschrift im Alten Testament erkennt man, welches Gottes- und Wirklichkeitsverständnis hinter der Opferpraxis liegt, welche Opfertheologie vorliegt. Erst wenn man die Funktion des Opfers kennt, kann man danach suchen, was heute die Funktion der Opferpraxis übernommen hat. Das Sühnopfer wurde z. B. durch Almosen geben, Fasten und Gebet abgelöst.

Welche Wirklichkeitsvorstellung steht hinter dem Opferkult? Es gibt eine andere, entscheidendere Wirklichkeit als die Erfahrungswelt der Menschen und ihrer Handlungen (Kultur) und deren natürlich-materielle Grundlagen und Voraussetzungen (Natur). Die menschliche Handlungswelt ist nicht selbstverständlich so, wie sie angesichts jener Wirklichkeit sein sollte! Die Störungen und Spannungen zwischen der entscheidenden Wirklichkeit und dem konkreten Lebensvollzug der Menschen sind für den einzelnen und für die Gemeinschaft lebensgefährdend. Diese Störungen können nicht durch menschliches Handeln, sondern nur in Zusammenarbeit mit der massgeblichen Wirklichkeit korrigiert und ausgeräumt werden.

Das korrekt vollzogene Opfer ist von der Gottheit gewollt. Es kann als institutionalisierter Ritus diese Spannungen immer wieder beseitigen oder mindestens ihre lebensgefährdenden Konsequenzen korrigieren. Hinter der Opferpraxis steht die Sehnsucht des Menschen nach Ordnung, Heil, Ganzheit und Reinheit. So, wie es vor dem Sündenfall war, soll es wieder werden. Es geht um nichts weniger, als um die Erlösung von Menschen:

Opfer haben die Funktion, wieder eine gute Ordnung im Leben herzustellen. Dies geschieht vor allem dadurch, dass die Beziehung zur Gottheit wiederhergestellt und aufrechterhalten wird. Opfer sollen Chaos, Schuld und Bedrohung im Leben entgegenwirken, indem sie die Erfahrungswelt der Menschen wieder mit der eigentlichen Wirklichkeit Gottes verbinden. Es geht beim Opfer also immer um einen intakten Zustand des Lebens, um Schuld und Trennung von Gott und um die Erlösung aus dieser Trennung, Schuld und Chaos.

Im Christentum ist die Opferpraxis durch die Gottesdienstpraxis abgelöst worden. Durch Christus wurde dieser Wandel vollzogen: Kreuz und Auferstehung Christi sind das Ende aller Opfer und gleichzeitig der Grund und das Zentrum des christlichen Gottesdienstes.

Beobachtungen und Kritik an verschiedenen Sühnopferlehren nach Prof. Ingolf Dalferth

Man schüttet das Kind mit dem Bad aus, wenn man sagt: „Die Vorstellung, dass ein Gerechter für die ungerechten Menschen sterben musste, um einen zornigen Gott zu versöhnen, ist heute nicht mehr haltbar. Also lassen wir den Gedanken, dass der Tod Jesu zum Heil der Menschen geschehen sei einfach weg!" Das erspart zwar Missverständnisse — aber die Bedeutung von Leben, Sterben und Auferstehung Jesu für uns Menschen und für den ganzen Kosmos wird nicht klar!

Was bedeutet das Handeln Gottes im Sterben und in der Auferstehung von Jesus für uns und für diese Welt?

Im Nikänokonstantinopolitanum von 381 heisst es: *Jesus ist für uns Menschen und für unsere Seligkeit vom Himmel gekommen. Er ist für uns gekreuzigt worden.* Auch Röm. 1.3 f.; Phil. 2.6-11; Joh 1.1 ff; 1. Tim. 3.16 sprechen von den Auswirkungen, die Leben, Tod und Auferstehung Christi haben. Die Texte sprechen davon, dass damit eine Zeitenwende für den ganzen Kosmos, ein neues Zeitalter angebrochen ist: von der Unheils- zur Heilszeit. Dieses Ereignis ist für uns geschehen, damit wir gerettet und aus dem Nichtsein ins Sein gerufen werden.

Dass Gott in Kreuzestod und Auferweckung Jesu für uns und zu unseren Gunsten gehandelt hat, ist Kern des christlichen Bekenntnisses. Muss man dann aber auch das Erlösungshandeln als Versöhnung des Zornes Gottes und den Tod Jesu als Sühneleistung und Opfer verstehen?

1941 schrieb Rudolf Bultmann, dass ein stellvertretendes Sühnopfer durch Jesus nicht mehr vertreten werden kann. Er geht von einem juristischen Opferbegriff aus: Die Wiedergutmachung einer Schuld durch eine Ersatzleistung. Diese Vorstellung, die Anselm von Canterbury vertrat, lehnt Bultmann ab. Jesus sei nicht zur Strafe für unsere Sünde gestorben, damit wir vom Tod befreit würden. — Für Bultmann ist am Kreuz aber nicht weniger, sondern mehr geschehen: Jesus habe die Macht der Sünde gebrochen.

Für den Tübinger Prof. Hartmut Gese ist aber das Geschehen am Kreuz nur mit dem Sühnegedanken zu fassen. Das sei der Sinn der Rede vom Blut Jesu. Es geht aber auch laut Gese nicht einfach um Straferlass für den Menschen. Sondern es geht darum, dass der Mensch durch die Sünde von Gott getrennt ist. Der Kreuzestod Jesu tilgt die Schuld, und dadurch wird der Weg für den Menschen zu Gott wieder frei. Er ist wieder verbunden mit dem eigentlichen Leben. Für Gese ist Opfer eine stellvertretende Totalhingabe. Dass Jesus sein Leben ganz Gott weihte, führt dazu, dass alle Menschen in ihrer Existenz wieder zu Gott zurückfinden können.

Dies ist auch biblisch belegt: Als Jesus starb, riss der Vorhang im Tempel von obenan bis unten entzwei. Mt. 27.51: *Und siehe da: Der Vorhang im Tempel riss entzwei von oben bis unten...*

Bultmann und Gese sind sich darin einig: Was am Kreuz geschehen ist, das ist kein Ereignis in weiter Vergangenheit, sondern das gilt hier und heute! Das Heil ist Gegenwart.

Kritik am Sühnopfergedanken

Logische Kritik: „Wer meint, Blutschuld könne dadurch gesühnt werden, indem man neues Blut vergiesst, ist wie einer, der in den Kot getreten ist und sich mit Kot abwaschen will.“ Heraklit

Moralische Kritik: Immanuel Kant vertritt die These, dass moralische Schuld an der Person haftet und deshalb unübertragbar ist. Sie kann, „so viel wir nach unserem Vernunftrecht einsehen, nicht von einem anderen getilgt werden; denn sie ist keine transmissible Verbindlichkeit, die etwa, wie eine Geldschuld ... auf einen andern übertragen werden kann, sondern die allerpersönlichste, nämlich eine Sündenschuld, die nur der Strafbare, nicht der Unschuldige, er mag auch noch so grossmütig sein, sie für jenen übernehmen zu wollen, tragen kann.“

In Röm. 6.1-11 erklärt Paulus, inwiefern der Mensch durch Christus gerettet wird: Christus ermöglicht es dem Menschen, nicht in der Sünde stecken zu bleiben, sondern zu tun, was dem Leben dient. Wenn Menschen an Christus teilhaben, so nehmen sie teil an seinem Tod und dann auch an seiner Auferstehung, an seinem neuen Leben. Insofern wird der Mensch nicht automatisch durch das, was Christus geleistet hat, gerettet. Sondern er wird in den Stand versetzt, selber nach dem Willen Gottes zu leben. Diese Position wurde immer wieder diskutiert. Wirkt allein die Gnade — oder muss der Mensch etwas zu seinem Heil beitragen (Synergismus).

Feministische Theologinnen: Gott wird als grausamer Tyrann, orientalischer Despot und sadistischer Patriarch gesehen, wenn er ein Opfer braucht, um sich versöhnen zu lassen.

Pointe der Rede vom Opfer im Hebräerbrief

Der Sinn des Vergleiches von Jesu Kreuzestod mit dem Opfer ist nicht, dass Jesus sich als Opfer darbringt. Sondern das Bild will sagen: Weil uns Gott in Christus nahe gekommen ist, müssen wir nicht mehr Opfer bringen, um mit Gott verbunden zu sein. Der Opferkult ist angesichts des Lebens, Sterbens und der Auferstehung Christi nicht mehr nötig. Für das Heil sind keine Opfer mehr nötig, weil Gott selbst uns das Heil in Christus schafft. Christus steht dafür, dass die gestörte, beschädigte Gemeinschaft zwischen Gott und Mensch, die durch Opfer wiederhergestellt werden sollte, auf ganz anderem Weg wiederhergestellt wird: durch Gottes Gegenwart in Kreuz und Auferweckung Christi. Gott selbst kommt uns in ihm nahe und macht alles neu.

Die Kirche muss nicht durch erneutes Darbringen Christi in der Eucharistie die Nähe zu Gott herstellen. Auch muss der Christ nicht durch ein aufopferndes Leben, durch moralische Leistungen, die Nähe zu Gott erlangen.

Das dogmatische Grundproblem

Dass es möglich ist, Jesu Heilstod als Opfertod zu verstehen, ist keine Frage. Es ist aber nicht notwendig, seinen Tod so zu verstehen! Das Bild vom Opfer ist nur eine Weise, wie das Neue Testament die christliche Heilserfahrung zur Sprache bringt.

Das Christentum war von Anfang an keine Opferreligion. Die ersten Christen lösten sich vom Opferkult im Tempel, mit der Begründung, dass Jesu Tod und Auferstehung allem Opferwesen ein Ende gesetzt habe. Das kann aber auf zwei Arten verstanden werden:

1. Jesus Christus ist das Ende des Opfers, weil er das endgültige und vollkommene Opfer ist. Es lohnt sich, Hebr. 9 zu lesen. Dort wird die Bedeutung des Jom Kippur Opfers beschrieben und Jesu Tod und Auferstehung als neuer Zugang zu Gott interpretiert. Beachte Hebr. 9.23-28. Die kirchliche Tradition hat es in der Regel so verstanden, in Anlehnung an den Hebräerbrief. Christus hat sich am Kreuz als wahres und eigentliches Opfer Gott dargebracht.

2. Jesus Christus ist das Ende des Opfers, weil sein Kreuzestod und seine Auferstehung alle Opfer als Mittel zur Wiederherstellung der Gemeinschaft zwischen Gott und Mensch als untauglich und unnötig erwiesen haben.

Die Rede von Jesu Opfertod besagt nicht, dass sein Tod eine rituelle Tötung war. Sie ist nur ein Bild, das den Zeitgenossen verständlich machen soll, was da geschehen ist! In Jesus hat sich die Liebe Gottes für die Menschen hingegeben. In Jesus wirkte die Liebe Gottes, welche die

Menschen wieder mit Gott verbindet.

Mit der Sprache des Opferkultes sollte also den Zeitgenossen gesagt werden, wie der Opferkult transzendiert und unnötig gemacht werden kann.

Die Bilder und Vorstellungen sind nur ein Hilfsmittel, das die neue Sache, dass Gott zum Heil der Menschen handelt, anschaulich machen soll!

In der Bibel wird die Bedeutung des Lebens und Sterbens Jesu für unsere Welt noch mit andern Bildern beschrieben:

Licht — Finsternis

Joh. 1.4 f.: In ihm war Leben, und das Leben war das Licht der Menschen. Und das Licht scheint in der Finsternis, und die Finsternis hat es nicht erfasst.

Joh. 1.9: Er war das wahre Licht, das jeden Menschen erleuchtet, der zur Welt kommt.

Verwandtschaftsbeziehungen

Joh. 1.12: Die ihn aber aufnahmen, denen gab er Vollmacht, Gottes Kinder zu werden, denen, die an seinen Namen glauben, die nicht aus Blut, nicht aus dem Wollen des Fleisches und nicht aus dem Wollen des Mannes, sondern aus Gott gezeugt sind.

Röm. 8.18-23: Söhne und Töchter Gottes.

Knechtschaft — Freiheit

Röm 8.21: Dass auch die Schöpfung von der Knechtschaft der Vergänglichkeit befreit werde zur herrlichen Freiheit der Kinder Gottes.

Gal. 5.1: Zur Freiheit hat uns Christus befreit! Steht also fest und lasst euch nicht wieder in das Joch der Knechtschaft einspannen.

Tot für die Sünde — lebendig für Gott

Röm. 6.1-8: 1 Was folgt nun daraus? Etwa: Lasst uns
der Sünde treu bleiben, damit die Gnade umso grösser
werde? 2 Gewiss nicht! Wir, die wir für die Sünde tot
sind, wie sollten wir noch in ihr leben können? 3 Wisst
ihr denn nicht, dass wir, die wir auf Christus Jesus
getauft wurden, auf seinen Tod getauft worden sind?
4 Wir wurden also mit ihm begraben, durch die Taufe
auf den Tod, damit, wie Christus durch die
Herrlichkeit des Vaters von den Toten auferweckt
worden ist, auch wir in der Wirklichkeit eines neuen
Lebens unseren Weg gehen. 5 Wenn wir nämlich mit
dem Abbild seines Todes aufs Engste verbunden sind,
dann werden wir es gewiss auch mit dem seiner
Auferstehung sein. 6 Das gilt es zu erkennen: Unser
alter Mensch wurde mit ihm gekreuzigt, damit der von
der Sünde beherrschte Leib vernichtet werde und wir
nicht mehr Sklaven der Sünde seien. 7 Denn wer
gestorben ist, ist von allen Ansprüchen der Sünde
befreit. 8 Sind wir aber mit Christus gestorben, so
glauben wir fest, dass wir mit ihm auch leben werden.

Der Weg

Joh. 14.6: Jesus sagt zu ihm: Ich bin der Weg und die Wahrheit und das Leben; niemand kommt zum Vater, es sei denn durch mich.

Dogmatische Konsequenzen

Es geht, wenn man den Sinn des Lebens Jesu verstehen will, nicht um Jesus als solchen, sondern um Gottes Heilshandeln in ihm und durch ihn. Jesus muss im Zusammenhang des göttlichen Heilshandelns gesehen werden, in dem Gott sich auf alle Menschen bezogen und sie in seine Gemeinschaft hineingenommen hat. Jesus Christus ist der, in dem Gott uns allen so nahe gekommen ist, wie er uns im Geist Jesu Christi immer wieder nahe kommt: als alles neu machende Liebe.

Was der Mensch ist, das wird dogmatisch erst angemessen gedacht, wenn man den Menschen nicht isoliert als homo sapiens betrachtet, sondern ihn in die Geschichte Jesu Christi integriert betrachtet.

Wir leben nicht nur für uns allein oder nur zusammen mit unseren weltlichen Nachbarn, sondern in der und durch die Nähe und Gegenwart Gottes. Nicht die Folgen unseres einzelnen und kollektiven Tuns, sondern die Liebe Gottes soll in jedem einzelnen Leben und im Leben der ganzen Schöpfung das letzte Wort haben. Im Leben, Sterben und Auferstehen Jesu geht es um Gottes gemeinschaftsstiftendes, befreiendes und neues Leben eröffnendes Handeln zugunsten seiner Geschöpfe.

Das Leben Jesu hat eine Bedeutung, weit über sein individuelles und historisches Leben hinaus. In seiner Geschichte kommt Gott zu den Menschen. Die Geschichte von Jesus ist eine inklusive und offene Geschichte: Sie schliesst die Geschichte jedes Menschen in sich ein. Und unsere Lebensgeschichte kommt nur richtig in den Blick, wenn ihre Integration in die Geschichte von Jesus mitbedacht wird. Unsere Lebensgeschichte und Lebensdeutung setzt das Leben von Jesus voraus und wird durch seine Geschichte fortgesetzt. Dadurch gewinnen wir eine wirkliche Hoffnung auf Erlösung und auf eine persönliche Auferstehung zu Gott hin. Die Geschichte von Jesus ist die Vorgeschichte, Grundgeschichte und Nachgeschichte einer jeden menschlichen Geschichte und daher universal.

Es geht nicht so sehr darum, was Jesus tat oder litt, sondern um das, was er in seinem Tun und Leiden **ist**: der geschöpfliche Ort der sich selbst erschliessenden Gegenwart der schöpferischen und Neues schaffenden Liebe Gottes.

Diese Überlegungen machen deutlich, dass es nicht so ist, dass Jesus stellvertretend für uns gestorben ist. Dass unsere Schuld auf ihn übertragen worden ist. — In seiner Person ist die ganze heilende und neues Leben schaffende Kraft Gottes zu uns gekommen. Gerade in Kreuz und Auferstehung zeigt sich diese Kraft! Wir Menschen werden in dieses Geschehen mit hineingenommen, indem wir in je unseren Lebensverhältnissen, Grenzen, Schmerzen, ja im Tod diese Lebenskraft Gottes erfahren dürfen! Es geht schon hier und heute um die Wandlung unserer Person, um ein Wachsen zu Gott hin. Es geht um neue Einsichten und Verhaltensweisen, die durch die Erfahrung der göttlichen Liebe möglich werden.

Persönliche Deutung des Kreuzestodes Jesu

Die Menschen und die Schöpfung leben aus irgendeinem Grund nicht mehr im Zustand der Seligkeit, in unmittelbarer Nähe zu Gott. Im Opferkult wurde versucht, das Rechtsein vor Gott wiederherzustellen oder wieder einen Zugang zu ihm zu erhalten. Damals haben *die Menschen* etwas getan, um vor Gott wieder gerecht zu sein. — Im Leben von Jesus hat *Gott selber* gehandelt. Er hat sein Leben zugunsten der Menschen gelebt, ihnen in Wort und Tat Gottes Wesen nahe gebracht. — Weil die Menschen nicht mit Gott verbunden sind, haben sie ihn nicht verstanden und nicht erkannt. Das hat zu seiner Ermordung geführt. — Der Tod Jesu selber hat für mich keine magische Bedeutung. — Aber dass Gott ihn aus dem Tod auferweckt hat, das hat eine Bedeutung. Die Schöpferkraft von Gott ist stärker als alle zerstörerischen Kräfte, auch stärker als der Tod. Weil Gott Jesus aus dem Tod auferweckt hat, haben auch wir die grosse Zusage, dass wir von Gott aus dem Tod auferweckt und bei ihm weiterleben werden. — Am Sterben und an der Auferstehung Jesu wurde deutlich, dass Gott uns durch sein eigenes Handeln wieder ganz in seine Gemeinschaft holen wird.

Auferstehung?

Jesus Christus spricht: Ich bin die Auferstehung und das Leben. Wer an mich glaubt, wird leben, auch wenn er stirbt. Joh. 11.26

Zukunftsmusik
Wenn es so etwas wie Zukunftsmusik gibt,
dann war sie damals,
dann ist sie am Ostermorgen der Zeit:
Zur Begrüssung des neuen Menschen,
über den der Tod nicht mehr herrscht.
Das müsste freilich Musik sein —
nicht nur für Flöten und Geigen,
nicht nur für Trompeten, Orgel und
Kontrabass,
sondern für die ganze Schöpfung
geschrieben,
für jede seufzende Kreatur,
so dass alle Welt einstimmen und Gross und
Klein,
und sei es unter Tränen,
wirklich jauchzen kann,
ja so, dass selbst die stummen Dinge
und die groben Klötze mitsummen und
mitbrummen müssen:
Ein neuer Mensch ist da,
geheimnisvoll uns allen weit voraus,
aber doch eben da.

Eberhard Jüngel

In aller Frühe

Es wird in aller Frühe sein wie damals.
Der Stein ist weggerollt.
Ich bin aus der Erde aufgestanden.
Meine Augen können das Licht ertragen.
Ich gehe und stolpere nicht.
Ich spreche und verstehe mich.
Menschen kommen mir entgegen —
verwandelt sind wir:
einander bekannt.
Der Morgennebel zieht auf.
Ich meinte eine dürre Ebene zu sehen,
Volle Garben seh' ich, lange Halme, Ähren,
darinnen das Korn reift.
Bäume umgrenzen das Bauland.
Hügel zogen in die Ferne,
die Berge hinauf, und werden Wolken.
Dahinter,
Kristall geworden, blendend,
das Meer, das seine Toten zurückgab.

Huub Oosterhuis

Das leere Grab

1 Am ersten Tag der Woche kommt Maria aus
Magdala frühmorgens noch in der Dunkelheit zum
Grab und sieht, dass der Stein vom Grab
weggenommen ist. 2 Da eilt sie fort und kommt zu
Simon Petrus und zu dem anderen Jünger, den Jesus
lieb hatte, und sagt zu ihnen: Sie haben den Herrn aus
dem Grab genommen, und wir wissen nicht, wo sie ihn

hingelegt haben. 3 Da brachen Petrus und der andere Jünger auf und gingen zum Grab. 4 Die beiden liefen miteinander; doch der andere Jünger lief voraus, war schneller als Petrus und kam als Erster zum Grab. 5 Und als er sich vorbeugt, sieht er die Leinenbinden daliegen; er ging aber nicht hinein. 6 Nun kommt auch Simon Petrus, der ihm folgt, und er ging in das Grab hinein. Er sieht die Leinenbinden daliegen 7 und das Schweisstuch, das auf seinem Haupt gelegen hatte; es lag nicht bei den Leinenbinden, sondern zusammengerollt an einem Ort für sich. 8 Darauf ging nun auch der andere Jünger, der als Erster zum Grab gekommen war, hinein; und er sah, und darum glaubte er. 9 Denn noch hatten sie die Schrift, dass er von den Toten auferstehen müsse, nicht verstanden. 10 Dann kehrten die Jünger wieder zu den anderen zurück.
Joh. 20.1-10

Die Auferstehung Jesu war bereits kurz nach seinem Tod sehr umstritten. So kamen die Priester und Pharisäer nach der Kreuzigung zu Pilatus und sagten: *„Herr, wir haben daran gedacht, dass jener Verführer, als er noch lebte, gesagt hat: Nach drei Tagen werde ich auferstehen. Befiehl nun, dass das Grab bis zum dritten Tage bewacht werde, damit nicht etwa seine Jünger kommen, ihn stehlen und zum Volke sagen: Er ist von den Toten auferweckt worden, und der letzte Betrug schlimmer wird als der erste."* — Diese Bedenken überliefert Matthäus in Kap. 27.

Wie ist das nun mit der Auferstehung? — Für mich ist sie die gewagteste Behauptung des christlichen Glaubens — und zugleich unsere einzige Hoffnung. — Jede und jeder von Ihnen hat wahrscheinlich eine Meinung, ob es die Auferstehung gibt. Vielleicht haben Sie eine Vorstellung davon, wie das geschehen könnte, und wann das für den einzelnen geschieht. Vielleicht haben Sie sich aber auch noch keine Gedanken darüber gemacht. Heute will ich Ihnen ein paar Anregungen geben, wie wir etwas von der Auferstehung erfahren können.

Seit der Aufklärung lernt jedes Schulkind, dass wahr ist, was sich wissenschaftlich überprüfen und beweisen lässt. Wahr ist eine Hypothese dann, wenn man sie durch ein Experiment verifizieren kann. Dabei muss das Experiment wiederholt werden können und zum selben Ergebnis führen. — Die Auferstehung lässt sich so natürlich nicht überprüfen. Das liegt in ihrem Wesen, denn sie sprengt ja gerade den Rahmen der sogenannten Naturgesetze, die wir messen können. — Wenn man den Beweis mit einer Geisteswissenschaft erbringen will, ist der Befund auch negativ. Man kann die Auferstehung nämlich auch nicht als historisches Ereignis nachweisen. Es gibt keine objektiven Beweise dafür. Die Auferstehung hält also auch den Kriterien der Geschichtswissenschaft nicht stand. — Das einzige, was wir haben, sind Berichte von Augenzeuginnen und Augenzeugen. Berichte von Menschen, die mit Jesus zusammengelebt haben. Die aus nächster Nähe mitbekommen haben, wie er an Karfreitag gekreuzigt worden ist, und die dann zu seinem Grab gehen wollten, um dort zu trauern. — An diesen Erzählungen kann uns das Geheimnis der Auferstehung von Jesus aufgehen.

Mit der Auferstehung verlassen wir den Raum der Naturwissenschaften. Das biologische Leben, das wir kennen und erforschen können, wird an Ostern übertroffen. Die göttliche Kraft schafft eine neue Wirklichkeit. Gott erweckt Christus in einer andern, unsichtbaren Dimension zu neuem Leben. Es ist nicht einfach der alte Körper, der da wiederbelebt wird.

Jesus lebt jetzt in der unsichtbaren Welt Gottes weiter. — Aber er hat sich kurz nach Ostern doch einer grossen Zahl von Menschen, die ihn zu Lebzeiten gekannt haben, gezeigt. — Eine solche Begegnung will ich mit Ihnen anschauen:

Erscheinung vor Maria

11 Maria aber stand draussen vor dem Grab und
weinte. Während sie nun weinte, beugte sie sich in das
Grab hinein. 12 Und sie sieht zwei Engel sitzen in

weissen Gewändern, einen zu Häupten und einen zu Füssen, dort, wo der Leib Jesu gelegen hatte. 13 Und sie sagen zu ihr: Frau, was weinst du? Sie sagt zu ihnen: Sie haben meinen Herrn weggenommen, und ich weiss nicht, wo sie ihn hingelegt haben. 14 Das sagte sie und wandte sich um, und sie sieht Jesus dastehen, weiss aber nicht, dass es Jesus ist. 15 Jesus sagt zu ihr: Frau, was weinst du? Wen suchst du? Da sie meint, es sei der Gärtner, sagt sie zu ihm: Herr, wenn du ihn weggetragen hast, sag mir, wo du ihn hingelegt hast, und ich will ihn holen. 16 Jesus sagt zu ihr: Maria! Da wendet sie sich um und sagt auf Hebräisch zu ihm: Rabbuni! Das heisst ‹Meister›. 17 Jesus sagt zu ihr: Fass mich nicht an! Denn noch bin ich nicht hinaufgegangen zum Vater. Geh aber zu meinen Brüdern und sag ihnen: Ich gehe hinauf zu meinem Vater und zu eurem Vater, zu meinem Gott und zu eurem Gott. 18 Maria aus Magdala geht und sagt zu den Jüngern: Ich habe den Herrn gesehen, und berichtet ihnen, was er ihr gesagt hat. Joh. 20,11-18

Maria ist noch ganz verstört vom schrecklichen Ereignis. Der Tod ihres Lehrers erschüttert sie zutiefst. — Weil sie ihm nahe sein will, geht sie zu seinem Grab. Dort lässt sie ihren Gefühlen freien Lauf. — Es schmerzt sie, dass nichts von Jesus übrig geblieben ist. Nicht einmal sein Leichnam liegt im Grab. — Er ist fort — für immer — vergangen. — Und wie sie dasteht, versunken in ihre Trauer, öffnet sich ihr plötzlich eine ganze Welt. — Zwei Boten von Gott sind beim Grab und sprechen sie an. Erstaunlicherweise erschrickt sie nicht. — Und dann steht da ein unbekannter Mann neben dem Grab und fragt, warum sie weine und was sie suche. — Erst als er sie ganz persönlich anspricht, ihren Namen nennt, erkennt sie, dass sie nicht den Gärtner, sondern Jesus selber vor sich hat. — Er muss anders ausgesehen haben als der Mann, den sie kannte. — Erst in der persönlichen Beziehung zu Gott, wenn er einen Menschen persönlich anspricht, kann ein Mensch die neue Dimension, die Welt der Auferstandenen erkennen. — Maria darf einen kurzen Blick in diese Welt tun. — Ihr persönlich wird offenbart, dass Jesus in anderer Form weiterlebt. — Und er sagt ihr, wo er hingehen wird: Er wird zu Gott gehen. Zum gleichen Gott, zu dem auch all die Menschen, die ihm vertraut haben, gehen werden. Maria kann und darf ihn nicht festhalten. Sie muss auf dieser Welt endgültig Abschied nehmen von ihm — aber mit dieser Begegnung beim Grab hat sich für sie doch alles verändert. Sie hat erfahren, dass Gott nach dem Tod eines Menschen neues Leben erschafft. — Dass Jesus zu Gott zurückgehen wird — und dass auch alle Menschen, die ihm vertrauen, nach ihrem Tod zu ihm zurückgehen werden. — Für einen Augenblick wurde ihr ein kleines Fenster zur Ewigkeit geöffnet.

Die Auferstehung von Jesus kann naturwissenschaftlich und historisch nicht bewiesen werden. — Wenn man sich aber darauf einlässt und Gott danach fragt, was es mit dieser Auferstehung auf sich habe, dann kann es geschehen, dass man etwas von diesem Geheimnis zu verstehen beginnt. Es ist ein Geheimnis, das sich nur in der persönlichen Begegnung mit Gott erschliesst. Nur als Betroffener kann man die Auferstehung erfahren — nicht als Zuschauer. Die Auferweckung von Jesus durch Gott ist ein Durchbruch. Damit ist die Welt des Todes, in der wir hier gefangen sind, durchbrochen. Seine Auferweckung zeigt, dass die Liebe und Lebenskraft Gottes stärker sind als die Zerstörung und Vernichtung, die Menschen anrichten und der wir alle in unserem Leben preisgegeben sind. — In dieser Welt erleiden wir die Vergänglichkeit und den Tod. Menschen richten auch aktiv Zerstörung und Tod an. — Aber Gott hat seine Schöpfung nicht aufgegeben. Er kann und will Menschen, Tiere und Pflanzen vom Tod ins Leben retten.

Das tönt zu abstrakt? — Hier ein Beispiel, wie ein Mensch Auferstehung ganz persönlich erlebt hat: Martin Luther hat sich lange Zeit vor Gott gefürchtet. Er war überzeugt, dass Gott sehr viel von ihm verlangt, dass er diesen Anforderungen nie genügen könne und am Ende bestraft würde. Dann aber machte er eine grosse Entdeckung. Gott hat ihm sozusagen die Augen aufgetan. Martin Luther hat lange Zeit immer wieder im Römerbrief gelesen. Plötzlich merkte er beim Lesen, dass Gott gar nicht darauf aus ist, einen perfekten Menschen vor sich zu haben, der untadelig ist und nur gerecht handelt. Er las plötzlich, dass Gott ihn so annimmt, wie er ist — als sündigen Menschen — und dass er selber ihn gerecht spricht. Auch wenn er im Laufe seines Lebens noch viele Fehler machen würde — Gott rechnet ihm die Schuld nicht an. Er spricht ihn frei. Er spricht ihn gerecht. — Diese Erkenntnis hat Martin Luther als die grösste innere Befreiung seines Lebens erfahren. Er selbst schrieb im Jahre 1545 über diese Erkenntnis: „Da fühlte ich mich wie ganz und gar neu geboren, und durch offene Tore trat ich in das Paradies selbst ein.“ — Als Martin Luther erkannt hat, dass Gott ihn annimmt und gerecht spricht, wurde er innerlich befreit. Eine jahrelange Last, die ihn gefangen gehalten hatte, war von ihm abgefallen. Er hat eine innere Auferstehung erlebt. Deshalb konnte er auch einen Vers aus einem mittelalterlichen Kirchenlied umdichten.

Im Lied heisst es: „Mitten im Leben sind wir mit dem Tod umfangen.“ Luther hat die Worte umgestellt: „Mitten im Tode sind wir mit dem Leben umfangen.“ — Das heisst, dass seit der Auferstehung von Jesus diese Vergänglichkeit, das Sterben, das wir immer wieder erleben, nicht mehr endgültig ist. Seit der Auferstehung von Jesus sind wir mitten in dieser vergänglichen Welt von der grösseren Wirklichkeit Gottes umgeben, welche Ewiges Leben und Friede ist.

Hoffnung aus Begegnungen

Auf dem Weg nach Emmaus

13 Und da waren am selben Tag zwei von ihnen
unterwegs zu einem Dorf namens Emmaus, das sechzig
Stadien von Jerusalem entfernt ist. 14 Und sie redeten
miteinander über all das, was vorgefallen war. 15 Und
es geschah, während sie miteinander redeten und sich

besprachen, dass Jesus selbst sich zu ihnen gesellte und sie begleitete. 16 Doch ihre Augen waren gehalten, so dass sie ihn nicht erkannten. 17 Er aber sagte zu ihnen: Was sind das für Worte, die ihr da unterwegs miteinander wechselt? Da blieben sie mit düsterer Miene stehen. 18 Der eine aber, mit Namen Klopas, antwortete ihm: Du bist wohl der Einzige, der sich in Jerusalem aufhält und nicht erfahren hat, was sich in diesen Tagen dort zugetragen hat. 19 Und er sagte zu ihnen: Was denn? Sie sagten zu ihm: Das mit Jesus von Nazaret, der ein Prophet war, mächtig in Tat und Wort vor Gott und dem ganzen Volk, 20 und wie unsere Hohen Priester und führenden Männer ihn ausgeliefert haben, damit er zum Tod verurteilt würde, und wie sie ihn gekreuzigt haben. 21 Wir aber hofften, er sei es, der Israel erlösen werde; doch jetzt ist es schon drei Tage her, seit dies geschehen ist. 22 Doch dann haben uns einige Frauen, die zu uns gehören, in Schrecken versetzt. Sie waren frühmorgens am Grab, 23 und als sie den Leib nicht fanden, kamen sie und sagten, sie hätten gar eine Erscheinung von Engeln gehabt, die gesagt hätten, er lebe. 24 Da gingen einige der Unsrigen zum Grab und fanden es so, wie die Frauen gesagt hatten; ihn aber haben sie nicht gesehen. 25 Da sagte er zu ihnen: Wie unverständig seid ihr doch und trägen Herzens! Dass ihr nicht glaubt nach allem, was die Propheten gesagt haben! 26 Musste der Gesalbte nicht solches erleiden und so in seine Herrlichkeit eingehen? 27 Und er fing an bei Mose und allen Propheten und legte ihnen aus, was in allen Schriften über ihn steht. 28 Und sie näherten sich dem Dorf, wohin sie unterwegs waren, und er tat so, als wolle er weitergehen. 29 Doch sie bedrängten ihn

und sagten: Bleibe bei uns, denn es will Abend werden,
und der Tag hat sich schon geneigt. Und er ging hinein
und blieb bei ihnen. 30 Und es geschah, als er sich mit
ihnen zu Tisch gesetzt hatte, dass er das Brot nahm,
den Lobpreis sprach, es brach und ihnen gab. 31 Da
wurden ihnen die Augen aufgetan, und sie erkannten
ihn. Und schon war er nicht mehr zu sehen. 32 Und sie
sagten zueinander: Brannte nicht unser Herz, als er
unterwegs mit uns redete, als er uns die Schriften
aufschloss? 33 Und noch zur selben Stunde standen sie
auf und kehrten nach Jerusalem zurück und fanden die
elf versammelt und die, welche zu ihnen gehörten;
34 die sagten: Der Herr ist tatsächlich auferweckt
worden und dem Simon erschienen. 35 Und auch sie
erzählten, was unterwegs geschehen war und wie er
von ihnen am Brechen des Brotes erkannt worden war.
Lk. 24.13-35

Kinder stellen Fragen. Letzte Woche hat mir eine Mutter erzählt, dass ihr zehnjähriger Knabe an Ostern bemerkt hat: „Das ist aber ein schöner Betrug! — Das kann doch nicht sein, dass Jesus gestorben ist — und dann ist er einfach so wieder aus dem Grab auferstanden!“ — Wie ist das mit Jesus? — Er hat auf dieser Welt gelebt — und nach seinem Tod behaupten Menschen, dass sie ihm begegnet sind. Sie alle wissen: Die Auferstehung ist ein vieldiskutiertes Thema. Auch unter Theologen umstritten. Wie das damals mit der Auferstehung von Jesus genau war, ist heute schwer zu sagen. Entscheidend scheint mir, dass wir auch hier und heute Gott spüren, dass wir ihm begegnen können. Er ist erfahrbar als eine unsichtbare, personale Kraft, die Menschen auch nach mehr als 2000 Jahren noch erreicht und ihrem Leben Impulse gibt. Insofern ist für mich das Erleben des unsichtbaren Gottes bzw. seiner Auferstehungskraft ein deutlicher Hinweis darauf, dass Christus auferstanden ist.

Die Kraft Gottes wirkt auf vielfältige Weise in dieser Welt. Christus lebt vielfältig weiter und begleitet Menschen auf ihrer Lebenswanderung. Da kommt jemandem plötzlich ein rettender Gedanke. Die Lösung eines Problems. Er sieht, was er tun muss, damit sich die Lage bessert. — Ein Mensch hört einem aufmerksam zu. Man kann ihm seine Sorgen mitteilen. Und durch diese Begegnung ordnen sich die Gedanken. Neue Möglichkeiten zeichnen sich ab — oder wenigstens weiss man: Ich bin nicht ganz allein mit meinen Sorgen. Da gibt es Menschen, die tragen mit. Ich sehe wieder klarer, weiss wieder, in welche Richtung ich in den nächsten Tagen denken und gehen werde.

Die Geschichte von den beiden namenlosen Jüngern, die offensichtlich nicht zum Kreis der Zwölf gehört haben und zusammen nach Emmaus gehen, berührt mich immer wieder. In diesem Text liegt eine ungeheure Dichte und Tiefe. Zwei enttäuschte Menschen auf dem Weg. Zwei Männer, die ihre Hoffnung an der harten Realität dieser Welt verloren haben. Dabei ging es bei ihrer Hoffnung um nichts weniger als um Erlösung. *„Wir hofften, er sei es, der Israel erlösen werde."* — Was war von dieser Hoffnung geblieben? Im Moment sahen sie nichts davon. Dass Jesus nicht mehr im Grab lag, und dass die Frauen sagten, er sei ihnen begegnet, hat die beiden offenbar nicht überzeugt. Für sie war Jesus einfach tot, fort, unansprechbar.

Der Tod von Jesus hat die beiden in eine düstere, hoffnungslose Stimmung gebracht. Gebeugt, nachdenklich, entmutigt sind sie unterwegs. Da spricht Jesus die Männer an. Er geht mit ihnen nicht nur einen äusseren Weg, nein, auf der Wanderung geht er mit ihnen auch einen inneren Weg. Es ist oft schwieriger, solche inneren Wege zu gehen, als im äusseren, konkreten Leben etwas zu verändern. Je älter ich werde, umso wichtiger scheinen mir diese inneren Wege zu sein! Die innere Bewegung der Seele und des Geistes ist es letztlich, die wirklich etwas in uns zu verändern vermag. Die uns als Personen reifen lässt. — Jesus hört zuerst einfach zu. Er lässt sich von den beiden Jüngern genau erzählen, was sie erlebt haben und was sie bedrückt. Er fragt nach ihren Sorgen, nach ihrer Befindlichkeit.

Es würde mich sehr wundern, wenn nicht alle von Ihnen Stunden oder auch Monate oder Jahre in Ihrem Leben kennen, in denen Sie an Problemen herumdenken und doch keine Lösung finden. Wie wenn man ein Problem dadurch in Schach halten oder auflösen könnte, beisst man sich darin fest. Man wendet es hin und her, manche Menschen sogar nachts. Man dreht im Kreis. Man steht vor einer unsichtbaren Steilwand, die man nie erklimmen kann. In einer solchen Situation, wenn sich Resignation und Angst breit gemacht haben, ist es nötig, einen Menschen zu kennen, dem man vertraut. Wenn ein Mensch merkt, dass sich jemand, der wirklich vertrauenswürdig ist, für ihn interessiert, kann er ihm erzählen, was ihn belastet. Und indem er seinen Kummer aussprechen kann, ist schon etwas geschehen. Der Schmerz kann nicht mehr im Dunkeln wühlen. Er wurde benannt und gesehen. Manchmal, wenn jemand wirklich zuhört, geschieht es, dass der Sprechende sich selber plötzlich besser versteht. Es kann geschehen, dass er in sich neuen Mut fasst oder einen Weg sieht, der ihm bisher verborgen war. Wenn jemand seinen Kummer einem verstehenden Gegenüber erzählen kann, dann ist dies ein erster Schritt zur Veränderung.

So hat Jesus den beiden Jüngern zugehört. Erst als sie ihm ihre Sicht geschildert haben und wieder am Punkt der Verzweiflung, des Nichtweiterwissens angelangt sind, beginnt er selbst zu erzählen. Er deutet ihnen sein ganzes Leben. Er erklärt ihnen seine Bedeutung für die Menschen. Wer einem andern verständnisvoll zuhört, hat schon viel getan. Wichtig ist aber auch, den andern aus seiner engen Sicht herauszuholen. Behutsam mitteilen, dass man selber die Lage anders einschätzt. Dass es neben all dem Belastenden auch Grund zur Hoffnung gibt. Wer selber nicht im Problem drinsteckt, der hat einen weiteren Blick und kann darum dem Hoffnungslosen helfen, neue Wege zu sehen. Er kann ihr oder ihm helfen, ihre Lage wieder klarer zu überblicken. Nicht nur die Belastung, all das Schlimme, Bedrängende wahrzunehmen. Nicht nur all die Unmöglichkeiten und Hindernisse vor Augen zu haben, sondern auch hilfreiche Wege zu erahnen, mögliche Lösungen anzudenken. Dabei geht es nicht um einfache Ratschläge. Es geht in erster Linie darum, die Hoffnung oder einen möglichen Weg, den ich für den andern sehe, auszusprechen. Wer in seiner Sicht gefangen ist, wer sich in seine Hoffnungslosigkeit eingesponnen hat, der kann manchmal die naheliegendsten Hilfestellungen nicht mehr wahrnehmen. — Die Jünger konnten den Frauen nicht glauben, dass Jesus wirklich lebt, wie die Engel gesagt hatten. — Weil Menschen, die an der harten Realität des Lebens zerbrochen sind, den Blick auf das Dunkel ihres Daseins gerichtet haben, braucht es schon Zeit und Geduld bis sich ihre Sicht wandelt. Bis sie die Realität nicht einseitig bedrohlich und ausweglos beurteilen, sondern auch das Lebensfördernde sehen können. Aber es gelingt immer wieder, dass ein Verzweifelter hört, was sein Gegenüber sagt. Dass er durch hilfreiche Worte die Sicht des andern auch für sich übernehmen kann. Vorausgesetzt, der Helfer sagt ihm einen Trost, der wirklich trägt. Dann kann sich im Gespräch die Sicht eines Menschen ändern. Und ich wünsche uns allen solche Menschen, die verständnisvoll und geduldig zuhören, was uns wirklich bewegt. Menschen, die versuchen zu verstehen. Und die dann einen klaren Blick haben für die Situation, und auch das Hoffnungsvolle sehen, das vom Niedergeschlagenen gerade nicht gesehen werden kann. Solche Wegbegleiter brauchen wir alle immer wieder neu. In den kleinen oder grossen Schwierigkeiten auf unserem Weg. Und dann und wann können auch Sie für einen andern Menschen zu einem solch hilfreichen Wegbegleiter werden, der die richtigen Impulse gibt, der dem andern aufhilft, ihn oder sie aufrichtet und ihm eine neue Sicht der Dinge vermittelt.

Die Auslegung der Schriften, wie Jesus sein Leben gedeutet hat, hat die beiden Jünger aber noch nicht überzeugt. Sie waren aber bereit, diesen Fremden in ihr Haus aufzunehmen. Sie luden ihn ein, über Nacht bei ihnen zu bleiben. Anscheinend war diese Einladung für das, was dann folgte, ganz wichtig. Denn der Autor betont: *„Jesus tat so, als wolle er weitergehen. — Doch sie bedrängten ihn und sagten: Bleibe bei uns, denn es will Abend werden, und der Tag hat sich schon geneigt.“* — Die beiden waren bereit, sich auf diesen Fremden einzulassen. Aber erst als er etwas Vertrautes tat, als er Brot brach, wie er es im Kreis seiner Jünger oft getan hatte, erkannten sie ihn. Gott selber hat ihnen aber die Augen dafür öffnen müssen. — Wieder ein ganz eindrückliches Bild dafür, wie Menschen, die trauern oder ihre Hoffnung verloren haben, nicht mehr klar sehen. Wenn

Menschen in ihrem Leben von jemandem enttäuscht sind oder Schwierigkeiten haben, werden sie oft unflexibel. Die Gedanken werden eng, sie kreisen um die Verletzung. Und man sieht nicht mehr, wie man weitergehen könnte. — Gott oder ein aussenstehender Mensch muss dann die Initiative ergreifen, damit die Traurigen das Leben neu sehen. Damit der Schleier, der sich vor die Wirklichkeit geschoben hat, weicht.

Die beiden Jünger haben an einem ganz besonderen Abendmahl teilgenommen. Sie haben mit dem Auferstandenen Jesus Tischgemeinschaft gepflegt. Und diese Gemeinschaft hat ihre ganze Lebenssicht verändert. Auf ihrem Weg nach Emmaus sahen sie nur das Ende ihrer Hoffnungen. Kein Erlöser für die Menschen. Die Menschen sich selbst und einander ausgeliefert. Eine ungerechte Welt. — Nach der Begegnung mit Jesus erkennen sie aber: Gott ist da. Seine lebendige Kraft ist stärker als alles, was in dieser dunklen Welt geschieht. Er wird sein Erlösungswerk fortführen. Er wird die Menschen weiterhin heilen, ihnen helfen. — Diese überwältigende Erkenntnis war ihnen so wichtig, dass sie noch in der Nacht zurück nach Jerusalem wanderten, um die Neuigkeit ihren Freunden mitzuteilen.

Die Emmaus Jünger haben erlebt: Mit Jesus, mit Gott, ist es wie mit der Liebe: Sie ist nicht verfügbar. Die Jünger haben sich zwar in Gedanken mit Jesus befasst, aber sie konnten nichts dazu tun, dass er zu ihnen gekommen ist und mit ihnen geredet hat. Diese Aktivität ging ganz von ihm aus. Man kann die Liebe nicht sehen, aber immer wieder darf man sie spüren. Darf spüren: Bei diesem Menschen bin ich aufgehoben. Er oder sie versteht mich, da bin ich zu Hause, da kann ich sein. Sich so aufgehoben wissen in der Liebe, das weitet das Herz. Das gibt einem Menschen Boden unter den Füssen und Mut, seinen Weg zu gehen. — Mit seiner unsichtbaren Liebe ist der Auferstandene auch heute bei uns.

Wenn Gott einem Menschen die Augen dafür öffnet, dass wir mehr sind als biologische Wesen, dass wir in Gott gegründet sind und eine Tiefendimension haben, ist das ein Geschenk. Aus dieser Erkenntnis heraus gehen Menschen sorgfältiger miteinander um. Und ich glaube, dass wir auch mehr hoffen, wenn wir die göttliche Dimension in uns Menschen erkennen. — Jeder ist mehr, als die vielleicht armseligen und schwierigen Verhältnisse, in denen er heute gerade lebt. Er ist mehr, als das, was er jetzt gerade denkt, sagt und tut. Und darum können Menschen für andere hoffen. Gott zutrauen, dass er das Geheimnis, dass er all die guten Kräfte, die auch in einem problembeladenen Leben schlummern, wecken wird. Hoffen, dass Veränderungen und Lösungen möglich sind.

Vor diesem Hintergrund ist Menschsein schön. Gehalten und getragen von der unsichtbaren Liebe Gottes.

Ich wünsche jedem von uns, dass wir die Kraft, die von Ostern ausgeht, diese schöpferische, lebendige Kraft Gottes, immer wieder erfahren. Die Auferstehungskraft kann Menschen aus alten Denkgewohnheiten befreien. Destruktive Gedanken verblassen — Gedanken, die dem Leben dienen, werden wach. Die Auferstehungskraft kann Menschen aus der Erstarrung, in die sie wegen ihren Ängsten geraten sind, befreien. Sie befreit Menschen, endlich das zu leben, was sie im Innersten schon immer wollten. Auferstehungskraft kann Menschen aus einem dunklen Schleier befreien. Sie kann ihnen die Augen neu öffnen für das Gute, das es in ihrem Leben auch noch gibt. Sie kann Menschen Wege aufzeigen, wie ihr Leben neu gelingen kann.

Verwirrung und Klarheit im Reden

Das Pfingstwunder

1 Als nun die Zeit erfüllt und der Tag des Pfingstfestes
gekommen war, waren sie alle beisammen an einem
Ort. 2 Da entstand auf einmal vom Himmel her ein
Brausen, wie wenn ein heftiger Sturm daherfährt, und
erfüllte das ganze Haus, in dem sie sassen; 3 und es
erschienen ihnen Zungen wie von Feuer, die sich
zerteilten, und auf jeden von ihnen liess eine sich
nieder. 4 Und sie wurden alle erfüllt von heiligem

Geist und begannen, in fremden Sprachen zu reden,
wie der Geist es ihnen eingab. 5 In Jerusalem aber
wohnten Juden, fromme Männer aus allen Völkern
unter dem Himmel. 6 Als nun jenes Tosen entstand,
strömte die Menge zusammen, und sie waren verstört,
denn jeder hörte sie in seiner Sprache reden. 7 Sie
waren fassungslos und sagten völlig verwundert: Sind
das nicht alles Galiläer, die da reden? 8 Wie kommt
es, dass jeder von uns sie in seiner Muttersprache
hört? 9 Parther und Meder und Elamiter, Bewohner
von Mesopotamien, von Judäa und Kappadokien, von
Pontus und der Provinz Asia, 10 von Phrygien und
Pamphylien, von Ägypten und dem kyrenischen Libyen,
und in der Stadt weilende Römer, 11 Juden und
Proselyten, Kreter und Araber — wir alle hören sie in
unseren Sprachen von den grossen Taten Gottes reden.
12 Sie waren fassungslos, und ratlos fragte einer den
andern: Was soll das bedeuten? 13 Andere aber
spotteten und sagten: Die sind voll süssen Weins.
Apg. 2.1-13

An Pfingsten ist ein Wunder geschehen. Da sind Menschen in einem Gottesdienst zusammengekommen, die ganz verschiedene Muttersprachen gesprochen haben. — Und dann beginnt einer zu reden — und jeder hört ihn in seiner Sprache! Und das ohne Kopfhörer und ohne einen Simultandolmetscher, der in seiner Glaskabine sitzt. Menschen, die verschiedene Sprachen sprechen verstehen einander mühelos. Die Übersetzung muss ohne Worte, direkt in ihrem Innern geschehen sein.

Hören und verstehen — das sind zwei verschiedene Dinge. Das Verstehen ist ein äusserst komplizierter und vielschichtiger Vorgang. Es gibt sehr viele Menschen, welche zwar die gleiche Sprache sprechen und einander doch nicht verstehen. Jemanden verstehen oder von jemandem verstanden werden, dieser Vorgang reicht eben viel tiefer als das Erfassen der Worte und Sätze, die an mein Ohr dringen. Wirkliches Zuhören ist eine Kunst. Da muss ich aus meiner Welt heraustreten und hinhören, was der andere mir wirklich mitteilen will. Und oft liegt die wesentliche Botschaft gar nicht in den Worten selber, sondern in dem, was der andere nur andeutet. Oder sogar in dem, worüber er oder sie schweigt. Oft ist es eher der Gesichtsausdruck oder die Stimmlage, mit der jemand spricht, welche mir die entscheidende Botschaft vermitteln. Man merkt das sehr gut, wenn jemand spricht, dessen Sprache man nicht versteht. Man beginnt dann den Redner zu lesen. Was ist das für ein Mensch? Welcher sozialen Schicht gehört er an? Wie ist seine momentane Stimmung? Wirkt er vertrauenserweckend? Ist er überzeugt von dem, was er sagt? Ist er eher forsch oder schüchtern? Menschen können sich natürlich auch verstellen. Da spricht jemand scheinbar gefasst von seiner Krankheit. Als Hörerin soll ich nicht merken, dass dieser Mensch auch ganz viel Unsicherheit und Verzweiflung in sich trägt. Dass er sich in seiner Existenz bedroht fühlt. — Jemand erwähnt in einem Trauergespräch seinen dritten Sohn nur ganz kurz. Die Familie will mir nicht mitteilen, dass es seit Jahrzehnten Streit und Spannungen mit diesem Sohn gegeben hat. — Oft wird gerade das, was heikel ist, verschwiegen. Und wir haben ja auch das Recht dazu, nicht jedem zu erzählen, was unser Leben beschwert, wo unsere neuralgischen Punkte liegen. — Es braucht Weisheit, um herauszufinden, wo ich reden kann. Wem ich auch die Sorgen und die Risse in meinem Leben anvertrauen kann. Glücklich, wer eine Vertrauensperson gefunden hat. Jemand von dem man weiss: Dieser Mensch versteht, was ich sagen will! Er nimmt sich die Zeit, um mir konzentriert zuzuhören und zu verstehen, was ich jetzt gerade empfinde. Er dichtet nicht gleich vieles in meine Aussage hinein.

Wahres Verstehen reicht tiefer als Worte! — Es ist eigentlich mehr ein intuitives Erfassen, das mich den andern in seinem Wesen erkennen lässt. Loci ut te videam! Sprich, damit ich dich sehe, sagt ein römisches Sprichwort.

Verstehen und Stille haben sehr viel miteinander zu tun. Stellen sie sich den Urnersee vor, über den gerade ein Föhnsturm bläst. Eine Welle jagt die andere, man sieht spitze, weisse Schaumkämme. Die ganze Wasseroberfläche ist in Unruhe. Und jetzt wirft ein Kind einen Stein in den See. — Augenblicklich verschwindet der Stein unter der aufgewühlten Oberfläche. —

Stellen Sie sich jetzt einen Waldweiher vor. An einem Sommermorgen liegt er still da, inmitten von Tannen und Buchen. Silbrig glänzt die Sonne auf der gespannten Wasseroberfläche. Wie in einem Spiegel können Sie die Bäume und kleinen Wolken sehen. Stellen Sie sich jetzt vor, dass ein Kind einen kleinen Stein in den Weiher wirft. Zuerst breitet sich ein Ring über die Wasseroberfläche aus. Gleich folgt ein zweiter, dritter und vierter Ring. Der Stein hinterlässt Spuren, ein Muster wird erkennbar.

Mit diesen gegensätzlichen Bildern will ich zeigen: Der Hörer muss innerlich still sein, damit er die Nachricht des andern in seiner ganzen Bedeutung erfassen kann. — Wenn während des Zuhörens in mir zehn ungelöste Aufgaben laut werden, wenn ich mit einem Dutzend eigener Probleme beschäftigt bin — dann wird die Nachricht des andern bei mir nur unklar ankommen und gleich wieder in meinem aufgewühlten Innern versinken. — Still werden, Abstand gewinnen zu all den Anforderungen und Schwierigkeiten, die in mir selber laut sind, das ist eine Voraussetzung, um den andern wirklich zu hören. — Uli Linnenbrink aus unserer Geschichte hat diese seltene Eigenschaft gehabt. Er hat darauf verzichtet, selber laut zu sein. Er trainierte dafür seine Gabe, still zu werden und zu hören.

Beim Pfingstereignis versuchten die Menschen nicht von sich aus einander zu verstehen. Es war klar, dass sie einander nicht verstehen konnten, haben sie doch andere Sprachen gesprochen. Sie waren völlig überrascht, als der Geist Gottes als Übersetzer wirkte. Sie haben die Schwingungen der verschiedenen Reden in ihrem Geist direkt als Worte erfasst. Die Gedanken wurden ihnen eingegeben.

Damals wie heute kommen in jeder Gruppe, in jeder Schulklasse, in jedem Betrieb, in jeder Kirchgemeinde Menschen mit ganz unterschiedlichem Erfahrungshintergrund und mit verschiedenen Denkweisen zusammen. Dass wir so vielfältig sind ist ein grosser Reichtum, aber immer auch Grund für Missverständnisse. Den andern zu verstehen setzt auch voraus, dass ich von mir selber abstrahieren kann.

Wir hören einander zu — und verstehen den andern auf unsere eigene Weise. Damit sich ein Pfingstverstehen unter Menschen ereignen kann, ist es hilfreich, die eigenen Hörgewohnheiten zu kennen. — Dazu habe ich mich wieder einmal in einen Klassiker der Kommunikationswissenschaft, in das Buch *Miteinander reden — Störungen und Klärungen* von Friedemann Schultz von Thun vertieft. Ich werde Ihnen heute etwas über die vier Seiten einer Botschaft erzählen und dann über die vier Ohren, mit denen Menschen hören. Diese Überlegungen sollen helfen, selber bewusster zu kommunizieren und zu merken, mit welchem Ohr man eine Nachricht gerade hört.

Die vier Seiten einer Nachricht sind: Die Sachebene, die Beziehungsebene, die Selbstoffenbarung und der Appell.

Ein Ehepaar fährt zusammen Auto. Sie sitzt am Steuer. Er sagt: „Du, da vorne ist grün!" — Sie antwortet leicht genervt: „Fahre ich oder fährst du?"

Was geschieht da? Die Frau hört vor allem auf der Beziehungsebene. Sie denkt: „Er traut mir nicht zu, dass ich die Ampel sehe und die Geschwindigkeit richtig dosiere!" Darüber ist sie gekränkt. — Auf der Sachebene stimmt sie dem Mann zu: „Die Ampel dort vorne ist grün." Als Selbstoffenbarung sagt der Mann: „Ich habe es eilig!" Und der Appell ist klar: „Fahr so schnell, dass wir noch bei grün durchkommen!" — Sie sehen: In jeder Nachricht liegt ein ganzes Geflecht von Botschaften. Wir machen uns das nur selten bewusst. Meist reagieren wir intuitiv auf die eine oder andere Ebene der Botschaft. Oft drücken wir unsere Appelle an die Mitmenschen nicht explizit aus. Eine Frau erzählt einer Bekannten begeistert, dass sie bald ein grosses Geburtstagsfest veranstaltet. Die Bekannte antwortet: „Ich erinnere mich gar nicht daran, wann ich das letzte Mal zu einem Fest eingeladen war." Der Appell kann heissen: „Bitte lade mich auch ein, ich möchte auch dabei sein!" — Wie schon gesagt: Die entscheidende Information klingt oft zwischen den Zeilen mit. Menschen scheuen sich oft, das auszusprechen, was sie wirklich bewegt. Es lohnt sich deshalb, sein Ohr zu schulen, um die versteckten Botschaften zu hören. Erst dann kann man zurückfragen, den andern danach fragen, was ihn oder sie wirklich beschäftigt.

In einer Nachricht stecken mindestens vier Informationen: Eine Sachinformation, dann sagt der Sprecher etwas über sich selber aus, er drückt seine Beziehung zum Hörer aus und er nimmt Einfluss auf das Denken und Handeln seines Gegenübers. — Diesen vier Seiten einer Nachricht entsprechen auch vier Arten zu hören. Wir hören mit mindestens vier verschiedenen Ohren.

Stellen Sie sich vor, ein Nachbar vertraut Ihnen an: „Meine Frau ist seit vier Wochen krank und muss daheim gepflegt werden." — Wie reagieren Sie darauf? — Wenn Sie vor allem mit dem *Sachohr* hören, werden Sie sagen: „Was hat ihre Frau denn? Wer pflegt sie daheim?" Jemand, der mit dem *Beziehungsohr* hört, sagt vielleicht: „Wir kennen einander ja schon so lange! Würde sich ihre Frau über einen Besuch freuen?" Das *Selbstoffenbarungsohr* sagt mir: „Mein Nachbar ist sehr besorgt um seine Frau. Er hat im Moment eine Last zu tragen und will darüber reden." Wer vor allem mit dem *Appellohr* hört wird sagen: „Ich komme ihre Frau nächste Woche besuchen!"

Bei verschiedenen Gelegenheiten hören wir mit verschiedenen Ohren, auf verschiedenen Ebenen. Es gibt Menschen, die dazu neigen, alles als einen Appell an sie zu verstehen. Wenn jemand sagt: „Hier drin ist es aber kalt!", stehen sie sofort auf und schliessen das Fenster.

Ein Mensch, der vor allem die Sachinformation heraushört, wird Mühe haben, auf eine Beziehungsanfrage zu reagieren. Die Frau fragt: „Liebst du mich noch?" — Darauf er: „Da müssten wir zuerst den Begriff 'Liebe' definieren. Darunter kann man ganz unterschiedliches verstehen." Sie: „Ich meine doch nur, welche Gefühle du für mich hast." Er: „Gefühle, die kommen und gehen. Darüber kann man keine generellen Aussagen machen."

Menschen, die kein grosses Selbstwertgefühl haben, hören oft mit dem *Beziehungsohr*. In ganz sachlichen Aussagen hören sie eine

Stellungnahme zu ihrer Person. Sie beziehen alles auf sich und fühlen sich schnell angegriffen. So können natürlich immer wieder Missverständnisse entstehen. Menschen, die vor allem auf dem *Beziehungsohr* hören, werden oft unnötig leiden, weil sie Entwertungen gegen sich hören, die der andere gar nicht gemeint hat. Ein Beispiel: Im Französischkurs machen die Teilnehmer Übungen zu zweit. Eine Frau sagt: „Diese Übung gefällt mir nicht!“ Darauf ihre Lernpartnerin: „Möchtest du die Übung lieber mit jemand anderem machen?“

Der Vater kommt abends müde und gereizt nach Hause. Im Wohnzimmer sitzt sein achtjähriges Kind und spielt. Er schnauzt sein Kind an: „Ist das ein Saustall hier! Alles liegt herum! Und deine Schuhe sind auch ganz dreckig! Was bist du für ein unordentliches Kind!“ Auf dem Beziehungsohr hört das Kind: „Ich bin nicht richtig! Ich bin ein böses Kind und eine Last für meine Eltern!“ Erst ein etwas älteres Kind wird die Kritik des Vaters auch mit dem Selbstoffenbarungsohr hören können: „Mein Vater muss im Büro einen schlechten Tag gehabt haben. Deshalb ist er jetzt gereizt und reagiert so!“

Wer in einer negativen Botschaft vor allem heraushört, was sie über den Sender sagt, hat es leichter. Nicht alles unmittelbar auf sich beziehen, sondern herausfinden, was mit dem andern los ist, warum er so gereizt reagiert. Dann kann man die Botschaft richtig einordnen. Wer alles auf sich bezieht und sich leicht kritisiert fühlt, tut gut daran, einmal das Sachohr zu schärfen. — Was hat der andere auf der Sachebene gesagt? Was ist der neutrale Inhalt der Botschaft? — Und das Selbstoffenbarungsohr: Was hat der andere über sich selber gesagt?

Unsere Tragik liegt oft darin, dass wir meinen, den andern genau verstanden zu haben. Wir wissen, was er uns sagen wollte. Und haben ihn doch missverstanden. Es lohnt sich deshalb, beim Zuhören darauf zu achten: Ist mir klar, was der andere mir mitteilen wollte? Habe ich ihn oder sie richtig verstanden? — Welche Fragen stellen sich mir, wenn ich dem andern zuhöre? Zurückfragen ist erlaubt, denn damit sagt man dem andern auch: Es ist mir wichtig, dich zu verstehen. Ich will wirklich wissen, was du mir genau sagen willst.

Wir Menschen haben zwar viele Gemeinsamkeiten. Wir haben biologische, psychologische und geistige Gemeinsamkeiten. Und doch lebt jede und jeder in seiner eigenen Welt. Jede und jeder hat seine eigene Art, das Gehörte zu deuten und darauf zu reagieren. Oft sind wir in diesen Hörmustern festgefahren. Es ist deshalb gut zu wissen, auf welchem Ohr man gewöhnlich hört und welches Ohr man trainieren sollte. Das ermöglicht auch einmal mit einem andern Ohr zu hören.

Manchmal geschieht es, dass man den andern wirklich versteht und ihm oder ihr etwas Hilfreiches zu sagen hat. Oder man teilt einen Schmerz oder eine Lebenserfahrung. Wenn wir aus ganzem Herzen sagen können: Was, du auch? Du siehst das genau so? Das hast du auch erlebt? Dann ereignen sich wertvolle, pfingstliche Augenblicke. — Dafür heisst es offen zu sein. — Aber auch das andere gilt: Wenn wir dem andern aufmerksam zuhören und zurückfragen, damit wir ihn noch genauer verstehen — auch dann kann die Kommunikation gelingen, auch dann leben wir in einem pfingstlichen Geist.

Wo Menschen bereit sind, sich selber zurückzunehmen und wirklich zuzuhören, damit sie den andern verstehen, und wo Menschen von sich abstrahieren können, um nachzuempfinden, wie es dem andern geht, was ihn bewegt, dort geschieht wahre Verständigung. Dort geschieht Pfingsten.

Literatur:

— Franz Hohler, Die Karawane am Boden des Milchkrugs, Groteske Geschichten, München 2003, S. 47: Der Liederhörer, Luchterhand Literaturverlag

— Friedemann Schulz von Thun, Miteinander Reden, Störungen und Klärungen, Band 1, 47. Auflage 2009, roro Taschenbuch

Meine Zeit in Gottes Hand

Vom Umgang mit der Zeit

Für alles gibt es eine Stunde,
und Zeit gibt es für jedes Vorhaben unter dem Himmel:
Zeit zum Gebären
und Zeit zum Sterben,
Zeit zum Pflanzen
und Zeit zum Ausreissen des Gepflanzten,
Zeit zum Einreissen
und Zeit zum Aufbauen,
Zeit zum Weinen
und Zeit zum Lachen,
Zeit des Klagens
und Zeit des Tanzens,
Zeit zum Suchen
und Zeit zum Verlieren,
Zeit zum Bewahren
und Zeit zum Wegwerfen,
Zeit zum Schweigen
und Zeit zum Reden.

Auszüge aus *Kohelet 3*

— Die Zeit zerrinnt mir zwischen den Fingern.
— Es ist höchste Zeit, etwas zu tun.
— Ich bin in Zeitnot.
— Diese Musik ist zeitlos gültig.
— Zeit heilt alle Wunden.

Jede und jeder von uns hat seine speziellen Erfahrungen und seinen eigenen Umgang mit der Zeit. Vielleicht wollen Sie Ihren Umgang mit der Zeit von Zeit zu Zeit neu überdenken. Denn die Zeit ist uns ja geschenkt, anvertraut — und wir haben nicht beliebig viel davon zur Verfügung. Daher ist Zeit kostbar. Ich meine jetzt nicht diesen verkürzten Satz aus der Wirtschaft: Zeit ist Geld. Natürlich setzen Menschen im Erwerbsalter einen grossen Teil ihrer Zeit ein, um Geld zu verdienen. Aber zum Glück erschöpft sich der Wert unserer Lebenszeit nicht im Materiellen. Zeit ist Geld — dies ist nur ein ganz kleiner, unbedeutender Aspekt des Phänomens Zeit.

Wir leben in einer hektischen Zeit. Vor uns tun sich unzählige Möglichkeiten zu leben auf; wir haben viel mehr Möglichkeiten, als die Generationen vor uns. Viele Menschen haben dementsprechend unzählige Wünsche und Pläne und wollen möglichst viel in ihrer Lebenszeit unterbringen. — Besonders wenn man nicht an ein Weiterleben nach dem Tod glaubt, gilt es, möglichst viel in dieses Leben hineinzupacken.

Unsere hektische Zeit ist auch eine atemlose Zeit und eine Zeit der Superlativen. Im Sport wird um Hundertstelsekunden gerungen. Die Sportler kämpfen gegen die Zeit, ringen ihr Bruchteile von Sekunden ab: schneller, noch schneller wollen sie schwimmen, radfahren, laufen. Aus Geschwindigkeit ist heute Höchstgeschwindigkeit geworden — im Sport, aber auch bei den Hochgeschwindigkeitszügen. Aus Schnelligkeit ist Schnelllebigkeit geworden. — Was gestern noch zählte, ist heute oft schon veraltet, nicht mehr wichtig.

In dieser Hochgeschwindigkeitszeit gibt es viele Menschen, die sich ständig gehetzt und gejagt fühlen. Ihre Zeit ist klar eingeteilt, durch die Arbeit vorgegeben. Und auch die Freizeit ist gefüllt mit Aktivitäten. Verplant. Da bleibt keine wirklich freie Zeit. Oft hören oder sagen wir den Satz: Ich habe keine Zeit! — Ich habe keine Zeit: Dieser Satz ist heute zu einem Statussymbol geworden. Oft habe ich den Verdacht, dass Leute damit sagen wollen: Ich bin ganz wichtig! Und ich bin sehr leistungsfähig!

Dem setze ich entgegen: Wir haben Zeit. Zeit ist uns geschenkt von Gott. Jeder Mensch hat an jedem neuen Tag genau 24 Stunden Zeit geschenkt bekommen. Aber wir haben in diesen 24 Stunden nicht für alles Zeit. Es liegt ganz an uns, die Tage so einzuteilen, dass sich unser Leben in der uns geschenkten Zeit voll entfalten kann. In der Fülle der Verpflichtungen und Angebote, die heute um unsere Zeit werben, ist es eine notwendige Fähigkeit, dass wir wichtiges von unwichtigem unterscheiden können. Jeder kann für sich selbst prüfen, was für ihn jetzt dran ist: Ob er oder sie sich jagen lässt und den Stress erhöht, oder ob er stehen bleibt und prüft, ob es ihm denn gut tut, gejagt zu werden und gehetzt durchs Leben zu laufen. Will ich selbst entscheiden — oder lasse ich mich von sogenannten Sachzwängen verplanen? Erfüllte Zeit steht gegen verplante Zeit! — Was ist jetzt gerade wichtig in meinem Leben? Für welche Menschen oder für welche Tätigkeiten muss ich mir unbedingt Zeit reservieren? Statt: Ich habe keine Zeit, sage ich viel lieber: Dafür nehme ich mir Zeit. Für das, was mir im Leben wichtig geworden ist, nehme ich mir Zeit — und für das, was mir nicht wichtig ist, nehme ich mir keine Zeit. Es gilt an jedem Tag neu auszuwählen aus all den Möglichkeiten, Verpflichtungen und Wünschen, die wir haben. Wer genau bedenkt, wofür er sich Zeit nehmen will, wird bewusster leben und wahrscheinlich auch erfülltere Stunden haben.

Viele Menschen, die im Arbeitsprozess eingebunden sind, haben tatsächlich ganz viele unterschiedliche Aufgaben zu erledigen. Die Arbeit und der Arbeitsweg benötigen viel Zeit. Der Haushalt fordert Zeit. Und dann fehlt die Zeit für die Partnerschaft, für die Familie, um etwas für die Gesundheit zu tun, um zu sich selber zu kommen. Aber vielleicht merkt jemand, dass es an der Zeit ist, den Haushalt einmal liegen zu lassen und sich mit seinem Partner zu unterhalten. Plötzlich sagt sich jemand: „Es gibt noch viel zu tun. Macht nichts. Jetzt ist Zeit für uns beide." Die Begegnung mit dem Partner, mit den Kindern ist jetzt wichtiger als die Arbeit — dies gilt es immer wieder neu zu merken. Viel Zeit wird auch vor dem Computer oder vor dem Fernseher verbracht. Nach meinem Empfinden fehlt diese Zeit dann zum Leben! Es gibt heute so viele Ablenkungen, daher müssen wir genau wissen, wofür wir uns Zeit nehmen wollen!

Alles Ding hat seine Zeit, so hat es der Autor des Predigerbuches vor mehr als 2200 Jahren aufgeschrieben. Aber wie ist das heute? Sind wir uns noch bewusst, dass alle Dinge ihre Zeit haben? In unserem Leben gibt es verschiedene Zeiten, die je ihre spezielle Aufgabe mit sich bringen. Es gehört Weisheit dazu, die Aufgaben jeder einzelnen Lebenszeit zu erkennen und sie wahrzunehmen. Dies ist eine wichtige Aufgabe, die Gott uns stellt.

Ich beobachte, dass es vielen Menschen schwer fällt, auf etwas zu warten. Mir geht es manchmal auch so. Wenn wir einen Wunsch, eine Idee haben, dann wollen wir sie sofort realisieren. Die Läden verführen uns auch dazu, alles sofort haben zu müssen. Fast zwei Monate vor Weihnachten werden wir bereits durch all die Dekorationen und Angebote in die Weihnachtszeit versetzt. Kinder sollen immer früher an schulisches Lernen gewöhnt werden. — Alles findet gleichzeitig statt. So, als könnten wir nur verlieren, wenn wir uns für etwas Zeit lassen. — Gott hat unser Leben eigentlich nicht als ein ständiges Jagen gedacht. — Das Wartenkönnen auf etwas und die Ruhezeiten sind bei ihm ganz wichtig. — Denken Sie an die Israeliten: 40 Jahre lang mussten sie durch die Wüste gehen, bis sie ins Land Kanaan einziehen konnten. In der Schöpfungsgeschichte wird Gott als einer beschrieben, der sich beim Erschaffen der Welt Zeit nimmt. Er schafft nacheinander — nicht gleichzeitig, nicht atemlos — die Welt und den Menschen. Er gibt der Erde den Auftrag, die Pflanzen wachsen zu lassen. Wir haben einen Gott, der wachsen lässt. Nach den eigenen Gesetzmässigkeiten, dem eigenen Rhythmus lässt die Erde frisches Grün sprossen. Gott ist kein eiliger Macher, sondern ein geduldiger Schöpfer, der einen langen Atem hat. Alles Leben auf der Erde darf sich in seinem eigenen Rhythmus entwickeln und entfalten. Gott respektiert den Rhythmus des Wachsens. Er schenkt allen Lebewesen Zeit. Er zwingt nicht zu Höchstleistungen, sondern wartet, was sich da entfalten will. Und als Höhepunkt seines Schaffens hat Gott am siebenten Tag — sie wissen es alle — ja, er hat geruht! Er hat sich Zeit genommen, um einfach zu sein. Gott ist also kein Beschleuniger, sondern ein Verlangsamer. Das Wissen darum hält tief in uns die Sehnsucht wach, aus Zeitnot, Unstetigkeit und Kurzfristigkeit erlöst zu werden. An Gottes Ruhe und an seinem

Wachsenlassen können wir Anteil nehmen. Aus Gottes Geist erhalten wir genügend Zeit für unsere inneren und äusseren Entwicklungen.

Leider hat sich gerade der Protestantismus unter der Arbeitsethik von Calvin zu einer Religion des unermüdlichen und zum Teil ungesunden Arbeitens entwickelt. Laut einer Studie des Branchenverbandes der IT-Industrie, gibt es für 88 Prozent der deutschen Arbeitnehmer keinen klassischen Feierabend mehr, weil sie auch Zuhause und unterwegs per iPhone rund um die Uhr erreichbar sind. Deshalb hat die Telekom verboten, das Dienst-Smartphone nach Feierabend und am Wochenende eingeschaltet zu lassen. In manchen Unternehmen werden übereifrige Mitarbeiter nach Feierabend sogar aus dem Büro geworfen. — Wie ist es so weit gekommen? Die Leute wollen Anerkennung in der Firma. Manche wollen Karriere machen. Andere arbeiten aus Angst, den Job zu verlieren viel zu viel. Der Calvinismus-Forscher Max Weber kommentiert dies so: „Die Zeitverschwendung ist die schlimmste aller Sünden.“ Früher sagte man auch: Müssiggang ist aller Laster Anfang. — Stimmen diese Sätze wirklich? Verlieren wir Leben, tun wir Schlechtes, wenn wir einmal nicht eingespannt sind? — Es kommt ganz darauf an, wie wir mit der freien, uns geschenkten Zeit umgehen können. Viele von Ihnen haben selber schon ausprobiert, was sie nach der Pensionierung mit der freien Zeit anfangen können. — Es gibt im Leben auch die Musse, das Ruhen. Wenn wir uns Zeit nehmen, um einfach einmal nur da zu sitzen, dann können wir zu neuen, wichtigen Erkenntnissen gelangen. Unser Blick für die Welt und für unsere Mitmenschen kann klarer werden. Felix Timmermans beschreibt dies in seinem Roman *Pallieter*: Pallieter stand eines Tages wie so oft an einen Baum gelehnt, die Hände in den Hosentaschen. Er betrachtete vergnügt das Spiel der Sonnenstrahlen in den Blättern. Jemand kam vorbei und fragte ihn: „Was machst du da?“ Er antwortete: „Ich bin.“

Ich bin. Er tat nichts, aber er war ganz da. Er war er, ganz bei sich selbst. Und er war zufrieden, ohne dass er etwas tat. Sich hingeben an den Augenblick. Jetzt leben. Jetzt den Augenblick aufmerksam wahrnehmen. Nur für heute. Ganz in der Gegenwart sein und erfahren: Ich bin mehr als meine Leistungen, meine Taten, mein Stress. — Ich finde mich in Pallieter wieder. Manchmal stehe ich an einem Weiher und schaue den Lichtreflexionen in den Bäumen zu. Wie ein Gruss aus der unsichtbaren Welt Gottes streifen sie über die Blätter und über das Schilfrohr. So entsteht die Zeit! — Auch Peter Spangenberg hat das entdeckt: Stehen bleiben und die Wunder wahrnehmen, die mich hier und heute umgeben! Und manchmal spüren wir in solchen ruhigen Momenten auch die Gegenwart Gottes und sagen dann: Meine Zeit steht in deinen Händen, Gott.

Wichtig ist, welche Qualität wir der Zeit geben. Es gibt leere Zeit — es gibt erfüllte Zeit. Aber nicht alle Zeit, in der wir aktiv sind, ist automatisch erfüllte Zeit. Entscheidend ist, in welchem Geist wir etwas tun, wie wir etwas tun. Wer eine Arbeit gerne tut, wer einen Sinn in seiner Arbeit sieht, der erlebt seine Arbeitszeit wahrscheinlich als erfüllt. Womit fülle ich meine Zeit? Wovon ist mein Leben erfüllt? — Die Qualität in der Zeit zählt! Es gibt unsere Welt-Zeit, die vordergründig einfach abläuft. Die Griechen haben diese Zeit Chronos genannt. Sie lässt sich in Sekunden, Minuten, Tagen, Monaten, Jahren messen. Chronos wurde als alter Mann mit Flügeln, einer Sanduhr und einer Sense dargestellt. Ein flüchtiges Wesen, das vorbeifliegt, und das wir nie festhalten können. Ein Leben nach der Uhr, die unerbittlich abläuft, ist ganz dem Chronos verhaftet. — Neben dieser Weltzeit, dem Chronos, kannten die Griechen aber noch eine andere Zeit: Den Kairos. Diese Zeit hat eine ganz andere Qualität. Es ist eine Zeit, die in den Chronos hereinbricht. Der richtige Zeitpunkt für etwas. Ein solcher Kairos war zum Beispiel die Geburt von Jesus in unsere Welt. Es war an der Zeit, dass Gott sich durch ihn offenbarte. Auch in unserem Leben gilt es, den Kairos, den richtigen Zeitpunkt für eine Begegnung, für ein Projekt oder einfach für unser Handeln herauszufinden. Was ist jetzt gerade meine Aufgabe? Wofür ist jetzt die Zeit?

Die Menschen der Bibel glaubten, dass sie ihre Lebenszeit als Zeit von Gott geschenkt bekommen. Sie haben in einem natürlichen Rhythmus gelebt, in dem alles seine von Gott bestimmte Zeit hatte. Sie haben gebetet: Meine Zeit steht in deinen Händen, Gott! — Wie eine ewig sprudelnde Quelle liegt die Ewigkeit hinter unserer Zeit. Für unsere Wahrnehmung läuft die Zeit ab. Linear. Was vergangen ist, kehrt niemals wieder. Unser Jetzt ist schnell verflogen. Aber im Gegensatz zu unserer Zeit steht Gottes Zeit. Sie geht nicht, sie eilt nicht, sie rast nicht, sie macht uns nicht atemlos — Gottes Zeit steht. Und aus dieser ruhenden göttlichen Zeit entspringt unsere Lebenszeit. Ist das nicht beruhigend? Wir sind dem Lauf, ja dem Rasen der Zeit nicht ausgeliefert, weil hinter unserer Menschenzeit die Zeit Gottes ruht. Seine Zeit, deren Qualität wir nur erahnen können, gibt uns Menschen Zeit, Zeit zum Atmen, zum Ein- und Ausatmen, zum Arbeiten und Ausruhen, zum Reden und Schweigen, für Begegnungen und stille Besinnung. Gottes Zeit, diese Zeit-Quelle hinter dem Chronos, ist zeitlos. Es ist eine Zeit ohne Zeitdruck, ohne Uhr, ohne Terminkalender. Gottes Zeit ist die Ewigkeit. Und Ewigkeit ist Langsamkeit in höchster Potenz. Der ewige Gott ist der treue Gott, der uns Menschen durch all unsere freudigen und schlimmen Zeiten hindurch begleitet. Die Ewigkeit Gottes ist geprägt von absoluter Treue und Liebe. Sie vergeht nicht. Sie umfasst alles, was wir endlichen Menschen an Vergänglichem erleben. — Wie umfasst Gottes Ewigkeit unser Leben? — Die andere Qualität von Gottes Zeit kann schon jetzt immer wieder in unsere Lebenszeit hineinwirken. Sie will unserer Zeit Frieden und Ruhe geben. Sie lehrt uns, in unserem natürlichen Lebensrhythmus zu leben. Sie lehrt uns, auch einmal stehen zu bleiben und die Welt zu betrachten. — Als Gott am siebten Tag geruht hat, da hat er die Welt angeschaut und gesehen, dass sie gut ist. — Bewusst wahrnehmen, was ist. Die Schönheiten der Schöpfung sehen. — Die Menschen wahrnehmen. — Das geschieht, wenn die Qualität unserer Zeit von der Ewigkeit verändert wird. Gott kann uns lehren, unsere Zeit sinnvoll einzusetzen, erfüllte Zeit zu haben. In unseren täglichen Aufgaben, in Begegnungen mit andern Menschen, aber auch im Nichtstun, wenn wir einfach sind und zu uns selber kommen. Wer so bei sich ankommt, dem kann auch Gott begegnen.

Am Neujahrstag habe ich im Fernsehen ein interessantes Interview gesehen, mit Manfred Lütz, einem deutschen Psychiater, der Christ ist und den Glauben auch Atheisten verständlich machen will. Er hat erfasst, wie flüchtig unser Leben ist. Er sagte zum Fernsehreporter, der ihn interviewt hat: „Dass wir zwei hier sitzen und miteinander reden — ist das real? Sitzen wir wirklich hier? — Sehen sie, wir sitzen nur hier, weil wir uns auch nach Jahren noch an dieses Gespräch erinnern können. — Und die Fernsehzuschauerinnen können sich auch noch daran erinnern. Nur was nachwirkt, woran sich jemand erinnern kann, ist wirklich! Wenn dieses Gespräch einfach sofort ins Dunkel, ins Vergessen sinken würde, dann gäbe es dieses Gespräch auch jetzt nicht. Dann wäre es gar nie gewesen."

Unser Leben ist real, auch wenn die Zeit schnell verfliegt, weil unsere Tage von Gott gesehen werden. — In seinem Bewusstsein sind sie aufgehoben. — Kein Schmerz, keine Träne, keine Verzweiflung, keine Freude, keine Begegnung zwischen Menschen geht verloren, weil Gott uns sieht und begleitet.

Unsere Lebenszeit erhält Bedeutung und Wesen von Gott her, aus der Quelle seiner Ewigkeit, mit der sie bereits jetzt verbunden ist.

Was uns erwartet

Die Gegenwart im Licht der Zukunft

16 Darum verzagen wir nicht: Wenn auch unser
äusserer Mensch verbraucht wird, so wird doch unser
innerer Mensch Tag für Tag erneuert. 17 Denn die
Last unserer jetzigen Bedrängnis wiegt leicht und
bringt uns eine weit über jedes Mass hinausgehende,
unendliche Fülle an Herrlichkeit, 18 wenn wir nicht
auf das Sichtbare schauen, sondern auf das
Unsichtbare. Denn das Sichtbare gehört dem
Augenblick, das Unsichtbare aber ist ewig.

1 Denn wir wissen: Wenn unser irdisches Haus, das
Zelt, abgebrochen wird, dann haben wir eine
Wohnstatt von Gott, ein nicht von Menschenhand

gemachtes, unvergängliches Haus im Himmel. 2 Und
darum seufzen wir ja auch, weil wir uns danach
sehnen, mit unserer himmlischen Behausung bekleidet
zu werden, 3 so wahr wir nicht nackt dastehen werden,
auch wenn wir unser jetziges Kleid ablegen. 4 Denn
solange wir noch im Zelt sind, seufzen wir wie unter
einer schweren Last, weil wir nicht entkleidet, sondern
bekleidet werden möchten, damit das Sterbliche vom
Leben verschlungen werde. 5 Der Gott aber, der uns
eben dazu bereit gemacht hat, er hat uns auch als
ersten Anteil den Geist gegeben. 6 So sind wir allezeit
guten Mutes, auch wenn wir wissen, dass wir, solange
wir im Leib zu Hause sind, fern vom Herrn, in der
Fremde leben — 7 im Glauben gehen wir unseren
Weg, nicht im Schauen —; 8 wir sind aber guten Mutes
und wünschen noch viel mehr, unseren Leib zu
verlassen und beim Herrn zu Hause zu sein. 9 Darum
setzen wir auch alles daran, ob zu Hause oder in der
Fremde, so zu leben, dass er Wohlgefallen an uns hat.
10 Denn wir alle müssen vor dem Richterstuhl Christi
erscheinen, damit ein jeder empfange, was seinen
Taten entspricht, die er zu Lebzeiten getan hat, seien
sie gut oder böse. 2. Kor. 4.16-5.10

In einer Weiterbildungswoche für Pfarrerinnen und Pfarrer kam das Gespräch bei Tisch auf den Himmel. Wir sprachen darüber, dass die beiden Söhne des Zebedäus links und rechts von Jesus sitzen wollten, *Mt. 20.20.* Ein Kollege meinte, dass dies wohl langweilig sei — einfach ständig neben Jesus zu sitzen. — Ich vermute, dass sich viele Zeitgenossen den Himmel entweder gar nicht vorstellen — oder dann als einen langweiligen Ort. Ein Ort, an dem Menschen einfach ruhen, einfach nur da sind. Oder an dem sie mit den Engeln musizieren. Wenn man gerne Musik macht, kann das ja eine schöne Vorstellung sein. Aber wenn man nicht viel mit Instrumenten anfangen kann?

Um es gleich vorweg zu nehmen: Ich finde es bedenklich, dass eine solch wichtige Frage wie die nach dem Himmel oft gar nicht diskutiert wird. Ich vermute, dass die meisten Menschen nur eine ganz vage Vorstellung oder gar Idee davon haben, was uns nach diesem Leben erwartet. Aufgrund des materialistischen Weltverständnisses ist die Meinung heute weit verbreitet, dass mit dem physischen Tod alles fertig sei. — Wenn man davon überzeugt ist, die Materie sei alles, dann ist die logische Folgerung, dass mit dem Vergehen des Körpers auch das menschliche Leben zu Ende ist. Aber welchen Sinn hat unser Leben, wenn das Ziel das endgültige Ende ist?

Der christliche Glaube ist nicht auf diese sichtbare Welt ausgerichtet, sondern auf den unsichtbaren Christus. Über den Tod von Jesus lesen wir bei Paulus folgendes: *Christus ist gestorben für unsere Sünden gemäss den Schriften, er wurde begraben und am dritten Tage auferweckt. Er erschien Kephas und dann den Jüngern. Zuallerletzt ist er auch mir erschienen. 1. Kor. 15.3 f.*

Entscheidend ist, dass Christus nicht im Tod geblieben ist, sondern dass Gott ihn auferweckt und zu sich genommen hat. Weil Gott ihn auferweckt hat, dürfen auch wir hoffen, dass wir nicht mit unserem biologischen Körper im Tod bleiben, sondern eine Zukunft haben bei Gott. — Die Voraussetzung für diesen Glauben ist, dass es mehr gibt, als was wir mit unseren fünf Sinnen wahrnehmen und wissenschaftlich beweisen können. Die Wirklichkeit hat viel mehr Dimensionen als den Raum und die Zeit, in der wir uns jetzt bewegen. Diese Dimensionen überlagern sich. Die unsichtbaren Welten sind der Hintergrund und der Ursprung unsrer sichtbaren Lebenswelt. Die Ewigkeit ist nicht etwas, das uns in der fernen Zukunft, nach unserem Tod begegnet. Nein, die Ewigkeit ist jetzt schon da. Wir Menschen gehören jetzt schon zur Ewigkeit. Die einen können das spüren, andere nicht. Wir sind mit unseren fünf Sinnen jetzt noch gefangen in Raum und Zeit. Aber um uns herum breitet sich ein grosser und grossartiger Raum aus: Die unsichtbare Ewigkeit Gottes, die unser Denken übersteigt. Das ist unsere Chance! Im natürlichen Leben erfahren wir, dass wir altern und vergehen. Aber in der unsichtbaren Welt dürfen wir ewig weiterleben. Paulus sagt: „*Darum verzagen wir nicht: Wenn auch unser äusserer Mensch verbraucht wird, so wird doch unser innerer Mensch Tag für Tag erneuert. Denn die Last unserer jetzigen Bedrängnis wiegt leicht und bringt uns eine weit über jedes Mass hinausreichende, unendliche Fülle an Herrlichkeit, wenn wir nicht auf das Sichtbare schauen, sondern auf das Unsichtbare. Denn das Sichtbare gehört dem Augenblick, das Unsichtbare aber ist ewig.“ 2. Kor. 4.16-18*

Entscheidend ist, worauf wir unsere Aufmerksamkeit richten.Wer sich an Gott wendet, wer die Nähe zu ihm sucht, der kann schon heute erleben, dass er von einer Kraft und Wirklichkeit umgeben ist, die grösser ist als er selbst und die eine andere Qualität hat als alles, was wir in dieser Welt kennen. In unserem Innern, in unserem Herzen können wir Gott erfahren. Und mit ihm bereits die Ewigkeit. In der Beziehung zu Gott wird unser innerer Mensch ständig erneuert. Wir bekommen neue Hoffnung, Ermutigung und Einsichten. So leben Menschen, die Gott vertrauen, in ihrem Innern schon heute bei Gott. So leben sie auf seine Ewigkeit zu. — Ich stelle mir darum den Tod als einen Übergang vor. Es ist der Übergang von diesem begrenzten Leben in ein grösseres, weiteres Leben. Was in diesem Leben angefangen hat in unserer Beziehung zu Gott, das wird vertieft und geht weiter.

Unser Körper altert von Jahr zu Jahr. Das geht oft schneller, als uns lieb ist. Paulus vergleicht das Vergehen der Menschen mit dem Ablegen eines Kleidungsstückes. Wir legen beim Tod unser jetziges Kleid, unseren Körper ab. Paulus glaubt aber, dass Gott die Seinen dann mit einem neuen Kleid bekleidet. Mit einem neuen, himmlischen Körper werden sie ausgestattet. — Und jetzt kommt etwas ganz Interessantes: Paulus sagt nicht, dass wir beim Sterben vom Leben in den Tod hinübergehen. Nein, wir gehen vom Tod ins Leben hinüber. Wenn der Mensch sein altes Kleid ablegt und mit einem neuen Körper bekleidet wird, dann ist er von diesem sterblichen Dasein, das immer auch vom Tod gekennzeichnet ist, in ein neues, lebendigeres Dasein hinüber gegangen. Was an ihm sterblich war, ist nicht mehr. Aber es kommt nicht einfach nichts. Was an ihm sterblich war, ist in ein grösseres Leben, in eine neue Lebenskraft hinein aufgehoben worden. So geschieht, wenn jemand im Vertrauen auf Gott stirbt, also eine Transformation. Von der vergänglichen Welt hinein in ein neues und grösseres Leben bei Gott.

Paulus beschreibt dies auch mit dem Bild des Zeltes. Der Körper und all die Sinneseindrücke und Erfahrungen, die wir hier machen, sind so flüchtig und vergänglich. Unser irdisches Haus ist wie ein Zelt, das man kurz aufstellt und dann wieder abmontiert. Wenn nun dieses Zelt abgebrochen wird, bekommt der Mensch, bekommt sein unvergängliches, unsichtbares Wesen aber eine neue Wohnung. Ein unvergängliches Haus bei Gott, das eine neue, ganz andere Qualität hat, als alles, was wir hier auf der Erde kennen. Nach dem Sterben ist allen, die auf Gott vertrauen, also ein neuer Lebensraum verheissen. Ein Haus, das zu ihnen passt und in dem sie wieder geborgen sind. Es ist natürlich kein dreidimensionales Haus aus Steinen oder Beton. Aber ich stelle mir einen Lebensraum vor, der uns wieder die Möglichkeit gibt, uns individuell einzurichten und frei zu bewegen. Dieser Raum wird ganz anders sein als alles, was wir auf dieser Welt kennen. Aber vielleicht wird er uns trotzdem gleich irgendwie vertraut und heimelig vorkommen. Wer weiss.

Im Unsichtbaren, bei Gott, liegt eine über jedes Mass hinausreichende, unendliche Fülle an Herrlichkeit, ist Paulus überzeugt. Wir werden Möglichkeiten haben, von denen wir jetzt nicht einmal träumen können, weil wir nicht ahnen können, dass es sie gibt. — Darum stelle ich mir den Himmel keinesfalls langweilig vor. Ehrlich gesagt halte ich auch nicht viel vom ewigen Frieden und vom ewigen Ruhen — ewiges Ruhen, das wäre ja der Tod und kein neues Leben. — Gott, der schon auf dieser einen Erde eine solche Vielfalt geschaffen hat, wird uns sicher mit vielen neuen Ideen und Aufgaben überraschen. Ich denke, dass wir uns auch in der unsichtbaren Welt weiterentwickeln werden. Dass wir an neuen Aufgaben wachsen werden, neue Erfahrungen machen und uns verändern.

Man kann nicht beweisen, dass es tatsächlich so ist. Aber in der Bibel ist uns ewiges Leben bei Gott verheissen. — Er mutet uns zu, gegen den Augenschein zu glauben, dass mit dem körperlichen Vergehen ein neues

Leben anfängt. Wer sein Inneres auf Gott ausrichtet, der kann etwas von diesem neuen Leben schon heute erfahren. Dem öffnet sich ein Fenster in die Ewigkeit. Wer Gott als eine Wirklichkeit erfährt, die aus einer andern Dimension in seine Erfahrungswelt hineinwirkt, der ahnt: Die Quelle meines sichtbaren Lebens, die Quelle dieser Welt liegt im Unsichtbaren, ist der ewige Gott. Unsere Zeit wird aus der Ewigkeit genährt. Wenn ich dieses alte, vergängliche Kleid ablege, dann werde ich in die bleibende Ewigkeit, in die bleibende Beziehung zu Gott aufgenommen.

Als ich mit einer Sekundarschulklasse darüber sprach, was nach dem Tod wohl sein wird, hat mir ein Mädchen gesagt: Ich werde nach meinem Tod wohl wieder dort sein, wo ich vor meinem Tod gewesen bin. Ich bin ja irgendwoher gekommen — dorthin werde ich wieder zurückgehen. — Dieser Gedanke hat mir sehr gefallen. Das Leben in dieser sichtbaren Welt, das Leben als Körper, ist ein kurzer Abschnitt unserer Existenz. Wir wissen nicht mehr, wo und wie wir vorher existiert haben. Aber es ist doch sehr wahrscheinlich, dass wir vorher schon da waren und nachher weiterleben werden. — In unserem Bibeltext wird uns dies jedenfalls verheissen.

Pfarrer Sieber hat es noch etwas prägnanter ausgedrückt: Er hat mir gesagt, dass er auf dieser Welt voller Kraft und Zuversicht leben könne, weil er wisse, dass er vom Licht her komme und wieder zum Licht hingehe.

Liebe Leserin, lieber Leser,

ich wünsche Ihnen, dass Sie die Zuwendung und Hilfe von Jesus Christus immer neu erfahren dürfen. Wenn Sie die Bibel lesen, wenn Sie sich mit Gott befassen, wenn Sie ihn suchen, wird er in Ihr Leben hineinwirken. Mögen Sie viele gute Erfahrungen mit Gott machen, und dadurch eine lebendige Hoffnung für Ihr Leben finden, die stärker ist als das Leiden in dieser Welt. Mögen Sie immer neu spüren, dass Gott Sie in Ihrem Leben begleitet und daraus zu der tiefen inneren Gewissheit finden, dass Sie bei ihm eine gute, lebendige Zukunft haben, die weit über unsere irdischen Verhältnisse hinausgeht.

Printed by Books on Demand GmbH, Norderstedt / Germany